（少年版）

解不开的谜团

JIEBUKAI DE MITUAN

主　编　张　哲

编　委　金卫艳　李亚兵　袁晓梅　赵　欣　焦转丽
　　　　张亚丽　侣小玲　李　婷　吕华萍　赵小玲
　　　　田小省　宋媛媛　李智勤　赵　乐　车婉婷
　　　　靖凤彩　迟红叶　李雷雷　王　飞　刘　倩

时代出版传媒股份有限公司
安徽科学技术出版社

图书在版编目（ＣＩＰ）数据

解不开的谜团 / 张哲主编. —合肥：安徽科学技术出版社，2015.1（2023.1重印）

（百科·探索·发现：少年版）

ISBN 978-7-5337-6437-1

Ⅰ . ①解… Ⅱ . ①张… Ⅲ . ①科学知识—少年读物 Ⅳ . ①Z228.1

中国版本图书馆 CIP 数据核字（2014）第211224号

解不开的谜团　　　　　　　　　　　　　　　　　　主编　张　哲

出 版 人：丁凌云　　选题策划：《海外英语》编辑部　　责任编辑：徐　晴
责任校对：陈会兰　　责任印制：廖小青　　　　　　　　封面设计：李亚兵
出版发行：安徽科学技术出版社　　　　http://www.ahstp.net
　　　　　（合肥市政务文化新区翡翠路 1118 号出版传媒广场,邮编:230071）
　　　　　电话：（0551）63533323
印　　制：阳谷毕升印务有限公司　　　　电话：（0635）6173567
（如发现印装质量问题,影响阅读,请与印刷厂商联系调换）

开本：710×1010 1/16　　　印张：10　　　字数：200千
版次：2015年1月第1版　　2023年1月第4次印刷

ISBN 978-7-5337-6437-1　　　　　　　　定价：45.00元

版权所有，侵权必究

前言

真相娓娓道来,谜底层层揭开,全方位展示历史悬疑,零距离接触人类未解之谜! 曾几何时,一缕文明的曙光穿透黑夜喷薄而出,从此,人类告别茹毛饮血的野蛮岁月仰望苍穹,俯视大地,于俯仰之间激起了征服世界的欲望。于是,人类上了天,下了地,入了海,宇宙和地球神秘的面纱也一点点被揭开。

翻开这本书,你便可以踏足地球的神秘之处。如果你想经历一次虚拟的神秘地带之旅,那么你将如愿以偿。在你大开眼界的同时,心灵也会因这些地球的神秘地带而震撼不已。

爱因斯坦曾说过:"在人类的一切经验和感受中,以神秘感最为美妙。"如今我们悉心探索大自然一个又一个的未解之谜,不仅是对丰富而神秘的人类文明的回顾与叩问,还是对未来文明的一种深思与展望。

好奇心孕育着未来的伟大发现,想象力铺就了人类进步的阶梯,让我们走进这神奇的未知世界,共同领略和探索大自然留给我们的种种迷离。相信你经历过这次神秘的旅行之后,视野会更加开阔,探索欲望也会更加强烈。

CONTENTS

目录

百科·探索·发现（少年版）

解不开的谜团

百科·探索·发现（少年版）

解不开的谜团

CONTENTS

科技之光

CONTENTS

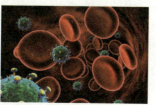

百科·探索·发现（少年版）

解不开的谜团

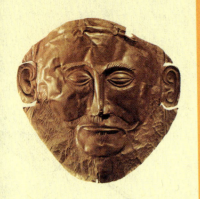

CONTENTS

百科·探索·发现（少年版）

解不开的谜团

宝藏迷踪

天外来客

险境奇观

　　地球是人类赖以生存的家园，在这块古老而充满生机的土地上，产生了许多令人叹为观止的险境奇观：从浩瀚的海洋到茫茫的沙漠，从神秘的岩石发声到飘忽不定的"佛灯"，从恐怖的死亡谷到神圣的富士山……在这里，你足不出户就可以领略大千世界的万般神奇。

沙子里的乐章——鸣沙之谜

鸣沙就是会发出声响的沙子，据说，世界上已经发现了100多处这样的沙滩和沙漠。鸣沙现象不仅普遍存在，而且发出来的声音也多种多样。

🦌 古怪的声音

美国夏威夷群岛的高阿夷岛上的沙子，会发出类似狗叫声音，所以人们称它"犬吠沙"；分布在我国宁夏沙坡头黄河岸边的鸣沙山的沙子则会发出轰隆的巨响，就像打雷一样。

知识小笔记

美国的长岛、马萨诸塞湾、威尔斯河两岸，英国的诺森伯兰海岸，等等，都是著名的鸣沙地。

⬆ 夏威夷岛沙滩

🦌 "音箱"说

一种观点认为，由于沙粒和沙粒之间的空隙有空气，空气在运动的时候，就构成了一个个"音箱"。当空气振动的频率恰好与这个无形的"音箱"产生共鸣的时候，就会发出声响。

"共振"说

另一种观点认为，由于沙粒长期经受来自不同方向狂风的吹动，所以变得大小均匀，同时也具有了类似蜂窝的孔洞。沙子能发出声响，可能就是由这种具有独特表面结构的沙粒相互摩擦、共振造成的。

▶鸣沙山山头平缓，沙砾全是光滑的细沙

鸣沙山

在中国甘肃省敦煌市城南有座鸣沙山，人们如果从山顶顺着沙子往下滑，沙子就会发出一阵阵不绝于耳的声响。天气晴朗的时候，鸣沙山上的沙子会发出丝竹弦乐的声音，好像在演奏音乐一样。所以，人们称"沙岭晴鸣"。

神奇的色彩——艾尔斯巨石之谜

艾尔斯巨石位于澳大利亚大陆的正中央，孤零零如奇迹般地凸起在那荒凉无垠的平坦荒漠之中，好似一座天然丰碑。

↑艾尔斯巨石

神奇的颜色

每当旭日东升时巨石呈现浅红色，到了中午就变成了橙黄色，傍晚夕阳西下时巨石呈深红色或紫色，夜幕降临时又变成了褐色，阵雨过后则呈现银灰略黑之色。因此，艾尔斯巨石又被称为"五彩独石山"。

名字的来历

1873年，一位名叫威廉·克里斯蒂·高斯的测量员横跨这片荒漠，在他又饥又渴之际发现了眼前这块似乎与天等高的石山。高斯来自南澳洲，故以当时南澳州总理亨利·艾尔斯的名字命名这座石山。

变色原因

关于艾尔斯巨石变色的缘由众说纷纭。地质学家认为艾尔斯巨石主要由红色砾石组成，其含铁量相当高，岩石表层的氧化物随着阳光不同角度的照射而不断地变化着颜色。

↑ 一天当中，当阳光从不同角度照射巨石时，巨石会呈现出许多不同的颜色，瑰丽神奇

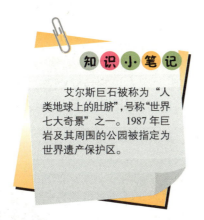

知识小笔记

艾尔斯巨石被称为"人类地球上的肚脐"，号称"世界七大奇景"之一。1987年巨岩及其周围的公园被指定为世界遗产保护区。

不同的说法

还有一些科学家认为神石是远古时代的一颗流星陨石，它接受着所有光芒，光滑的表面又从不同角度、不同时间对光进行折射，因而造成了色彩变幻的奇迹。

"圣石"艾尔斯

一直以来，艾尔斯石是西部沙漠地区土著人宗教、文化、土地和经济关系的焦点，是他们心中的"圣石"，许多部落的土著人都在这里举行成年仪式和祭祀活动。

长颈怪物——尼斯湖水怪之谜

尼斯湖位于英国苏格兰高原北部的大峡谷中，湖的面积并不大，却很深。关于尼斯湖水怪的记载最早可追溯到公元 565 年，自此以后，10 多个世纪里有关水怪的传闻有很多。

▲ 尼斯湖怪兽

水怪的传说

古时候的一些人宣称曾经目击过这种怪兽，有人说它长着大象的长鼻，浑身柔软光滑；有人说它是长颈扁头；有人说它口吐烟雾，使湖面雾气腾腾……各种传说颇不一致，越传越广，越说越神奇。

知识小笔记

尼斯湖是众多相连的苏格兰高地湖泊中的一个，其水质因大量的浮藻而异常浑浊，水中的能见度极低。

水怪的发现

1933 年的一天清晨，朝雾还没有散去，英国兽医学者格兰特骑着摩托车沿着尼斯湖畔回家，蒙眬中，他突然发现湖面上有一只颇似恐龙的怪物。几乎同一时间，到这里旅行的约翰·麦凯夫妇和修路的工人也看到了这只怪兽。据目击者的估计，怪兽大约有 15 米长，很像早已绝灭了的蛇颈龙。

→ 尼斯湖怪兽

永远的谜题

地球上是否真的存在一种未被发现的大型水生长颈动物呢？人们后来拍摄到的照片是否真实？尼斯湖水怪至今仍然是一个未解之谜，只要没有真正找到水怪，谜底就不会被揭开。

↑ 电脑绘制的尼斯湖水怪

探寻水怪的踪迹

自从 1934 年英国外科医生威尔逊拍摄到了第一张尼斯湖水怪的照片以来，科学家们借助先进的工具对水怪进行了多次搜寻，但遗憾的是至今仍然没有找到能够证明水怪存在的令人信服的证据。

↑ 尼斯湖

"大骗局"

英国媒体在1934年的报道被证实是一个恶作剧，被认为是"20世纪最大的骗局之一"。尽管如此，尼斯湖依然吸引着世界各地对长颈怪物有浓厚兴趣的人前来探险和调查。

魔鬼三角——百慕大三角之谜

> 百慕大群岛水下暗礁丛生，天空风暴肆虐，常常掀起倒海巨浪。由于气象变化复杂，地形险恶，百慕大海域屡屡有船只和飞机遇难的事件发生，因此被人们称为"魔鬼海域"。

↑百慕大群岛

"魔鬼三角"

在百慕大这个地区，已有数以百计的船只和飞机失事，数以千计的人丧生。从 1880 年到 1976 年，约有 158 次失踪事件，其中大多是发生在 1949 年以后的 30 年间，至少有 2 000 人在此丧生或失踪。

无休止的怪事

在这片神奇的海域屡屡发现一些现代科学无法解释的怪事，有人在这里失踪多年又重现，这些人中有的竟然几十年毫无变化，有的在几分钟里骤然变老，还有的竟然在这里死而复生。

🔥 神秘的成因

对"百慕大魔鬼三角"的解释可谓众说纷纭。有些人认为，这些失踪是外星人的飞碟在作怪；有些人则认为是地磁异常、洋底空洞所致；甚至还有些人提出泡沫说、晴空湍流说、水桥说、黑洞说。但这些仅仅是假设，都没有科学依据作支撑。

百慕大并非因美丽的海岛风光出名，而是其恐怖神秘吸引了人们

🦌 是否存在

美国学者拉里·库舍在《百慕大三角的神秘——已解》一书中说道："沉船十分平常，百慕大之谜根本不存在。"看来，不仅人们津津乐道的百慕大神秘现象是个谜，连这种神秘现象是否存在也成了一个谜。

知识小笔记

根据许多精密的科学及事件起源考察，很多科学家认为百慕大神秘失踪事件可能属于一种伪科学。

🦌 百慕大魔鬼三角之父

最早对"百慕大三角"进行渲染的是合众社在1950年9月16日刊登的一篇报道，报道称"在佛罗里达海岸和百慕大之间，船只和飞机神秘失踪。"该报道的作者琼斯可被视为"百慕大魔鬼三角之父"。

尽管百慕大三角区吞噬了大量的飞机和船只，但百慕大群岛上的居民却照样生活得悠闲自在

神秘杀手——死亡谷之谜

地球上有一种人迹罕至的地方，隐伏着死亡的危机，让人不寒而栗。人们把这些地方称为"死亡谷"。世上有四大死亡谷，它们所处的位置不同，恐怖诡异的景象也各不相同。

美国死亡谷

美国死亡谷

美国死亡谷位于美国加利福尼亚州与内华达州相毗连的群山之中，它长达225千米，宽6~26千米，峡谷两岸悬崖峭壁，地势十分险恶。这里也是北美洲最炽热、最干燥的地区，误入此地的人绝难生还。

俄罗斯死亡谷

俄罗斯死亡谷位于俄罗斯勘察加半岛的克罗诺基山区，长2000米，宽100~300米。这里的地势凹凸不平，怪石嶙峋，不少地方有天然硫黄露出地面，随处可见狗熊、狼獾以及其他野兽的尸骨。误入该地的人类也难以幸免，据统计，这里已吞噬过30条人命，其中以探险家居多，动物学家次之。

人迹罕至的死亡谷

意大利死亡谷

意大利那不勒斯和瓦唯尔诺湖附近的死亡谷与美国的死亡谷相反，它只危害飞禽走兽，对人类的生命却毫无威胁，因此该地又被意大利人称为"动物的墓场"。科学家和动物学家们曾多次深入该谷考察，但仍未找到令人信服的答案。

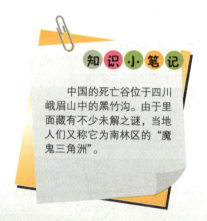

知识小笔记

中国的死亡谷位于四川峨眉山中的黑竹沟。由于里面藏有不少未解之谜，当地人们又称它为南林区的"魔鬼三角洲"。

印尼死亡谷

印尼死亡谷实际上是指印尼的"死亡洞"。印尼爪哇岛上有许多山洞，相传其中的 6 个大山洞均是使人兽死亡的陷阱。传说山洞内存在着一股巨大的吸力，每当人或野兽接近时，就会被吸入洞内，必死无疑。

死亡之海——罗布泊之谜

罗 布泊曾是中国第二大内陆湖,后来因沙漠化而完全干涸。这之后,罗布泊就成了寸草不生的地方,被称作"死亡之海"。

知识·小·笔记

在人们心目中,罗布泊具有经久不衰的魅力,它本身如同大自然特意设置的难题一样,几千年来不断引起人们的关注。

酷似人耳

在卫星拍摄的罗布泊照片上,罗布泊竟酷似人的一只耳朵,不但有耳轮、耳孔,甚至还有耳垂。对于这只地球之耳是如何形成的,科学家们众说纷纭,争论不休。

诡异之谜

罗布泊地区是亚洲大陆上的一块"魔鬼三角区",不可思议的事时有发生。1949年,从重庆飞往迪化的一架飞机在鄯善县上空失踪,1958年却在罗布泊东被发现了,机上人员全部死亡,可飞机为什么会突然改变航线呢?

罗布泊

地球上的怪圈——北纬 30°之谜

人们发现，大凡世界之奇和世界之谜，几乎都出现在北纬 30°这一条线上，因而这里又被称为"地球上的怪圈"。

神奇的北纬 30°

在这一纬度线上，奇观绝景比比皆是，自然谜团频频发生。如千年不倒的比萨斜塔、古巴比伦的"空中花园"、诡秘莫测的悬棺、神秘万分的神农架……

对怪圈里的种种神秘现象的解释可谓仁者见仁，智者见智。有人认为这源自外部星球变动；也有人认为这里存在着超时代的技术和史前文明。

"死亡漩涡区"

北纬 30°线上不仅有许多奇妙的自然景观和难解的神秘怪异现象，而且还是许多飞机、轮船失事的地方，因此，它又被称为"死亡漩涡区"。

▲ 著名的比萨斜塔位于北纬 30°线上

人迹罕至——南极不冻湖之谜

从 南极的范达湖往西 10 千米的地方，有一个小小的湖泊，湖水并不深。但这个小湖有一个奇怪的特点，即使是在零下 50℃ 的时候，它也不会结冰，所以人们都管它叫"不冻湖"。

不结冰的湖

南极大陆气候酷寒，−60～−50℃ 的温度仿佛使这里的一切都失去了活力：石油在这里凝固成黑色的固体，由于达不到燃点煤油在这里变成了非燃物。然而，就是在这样一个极冷的世界里，竟然奇迹般地存在一个面积约 48.36 万平方千米的不冻湖。

考察队到南极

会"捉迷藏"的湖

令人费解的是，南极的不冻湖还会时隐时现。1981 年，苏联和美国派出一支由 26 人组成的考察队到南极。队员们按照人造卫星照片显示湖所处的位置寻找，找了很长时间都没有找到，仅在南极水域发现了无数温度较高的气泡。

奇怪的水温现象

1960 年，日本学者鸟居铁在分析测量后发现，不冻湖表面薄冰层下的水温为 0℃左右，随着深度的增加，水温不断增高。16 米深处，水温升至 7.7℃；40 米时，水温缓慢升高；50 米深，水温升高的幅度突然加剧；66 米深的湖底，水温竟高达 25℃，与夏季东海表面水温相差无几。

知识小笔记

南极洲气候异常寒冷、终年覆盖冰雪，为寒带冰原气候，号称"世界风库"、寒极、干极。

↑ 南极冰湖

不冻湖的成因

有科学家推测这是气压和温度在特殊条件下交织在一起的结果；另一种观点则认为这是由于南极濒临海洋的地区存在着一些奇特的咸水孔而造成的；还有人认为在南极厚厚的冰层下面，极有可能存在着一个由外星人建造的秘密基地……关于不冻湖形成原因的推测还有很多，但是目前为止还没有一个令人满意和信服的结论。

↓ 如果南极大陆的冰雪全部融化，全球海平面将上升大约 60 米

船舶的地狱——好望角风暴之谜

好望角位于大西洋和印度洋的汇合处，即非洲南非共和国南部。这里，强劲的西风掀起的惊涛骇浪常年不断，除风暴为害外，还常常有"杀人浪"出现。

↑好望角

"杀人浪"

这种海浪前部犹如悬崖峭壁，还不时加上旋转浪，当这两种海浪叠加在一起时，海况就更加恶劣，而且这里还有很强的沿岸流，当浪与流相遇时，整个海面如同开锅似的翻滚，航行到这里的船舶往往遭难，因此被称作"杀人浪"。

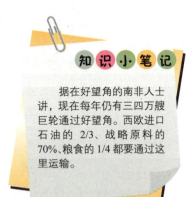
知 识 小 笔 记

据在好望角的南非人士讲，现在每年仍有三四万艘巨轮通过好望角。西欧进口石油的 2/3、战略原料的70%、粮食的1/4 都要通过这里运输。

名称的由来

好望角是位于非洲西南端非常著名的岬角，虽然它的意思是"美好希望的海角"，但最初却被称为"风暴角"。一年 365 天当中，这里至少有 100 多天狂风怒号，海浪滔天。1486 年，葡萄牙航海家迪亚士首次将它命名为"风暴角"，后被改为"好望角"。

百年前的巨响——通古斯之谜

通古斯是一个名不见经传的地方,一百年前的一声巨响却让这里成为一个神秘的爆炸现场。关于爆炸的猜测不断,但是谜团却始终笼罩,通古斯之谜最终将被谁揭开?

一百年前的大爆炸

1908 年 6 月 30 日上午 7 点,一场巨大的爆炸震碎了贝加尔湖居民家中的窗户玻璃。这个爆炸的威力相当于 1 000 万~1 500 万吨 TNT 炸药。在爆炸后的几个星期里,欧洲和俄国西部的夜空都如白天般明亮,据说当时的人在晚上读书都不用开灯。

知识小笔记

今天,科学家们更加偏向于陨石撞击的假说,然而在没有足够证据证明之前,这个谜还将继续下去。

爆炸原因

关于这次爆炸的原因有很多种说法,有人认为是由一颗巨大的陨石造成的,有人认为是来自外星球的飞船爆炸了,也有人将爆炸与反物质联系在一起。但实情究竟怎样,仍尚无定论。

→陨石撞击想象图

古怪的暖洋流——厄尔尼诺之谜

正 常情况下,热带太平洋的季风洋流是从美洲走向亚洲,使太平洋表面保持温暖,给印尼周围带来热带降雨。但这种模式有时会被打乱,使风向和洋流发生逆转,太平洋表层的热流就转而向东走向美洲,随之便带走了热带降雨,出现"厄尔尼诺现象"。

什么是厄尔尼诺

从 19 世纪初期开始,秘鲁和厄瓜多尔海岸每年从圣诞节起至第二年 3 月份,都会发生季节性的沿岸海水水温升高的现象,3 月份以后,暖流消失,水温逐渐变冷。当地称这种现象为"厄尔尼诺",西班牙语的意思为"圣婴",即上帝之子。

知识小笔记

拉尼娜意为"小女孩",它是指赤道太平洋东部和中部海面温度持续异常偏冷的现象,这与厄尔尼诺现象正好相反。

秘鲁海岸

频繁出现

厄尔尼诺现象是周期性出现的,大约每隔 2~7 年出现一次。进入 20 世纪 90 年代以后,随着全球变暖,厄尔尼诺现象出现得越来越频繁。

厄尔尼诺的影响

厄尔尼诺现象的危害性非常大，它曾使南部非洲、印尼和澳大利亚遭受到前所未有的旱灾，给秘鲁、厄瓜多尔和美国带去了暴雨、洪水和泥石流。此外，在这一海域里生活的浮游生物和鱼类，会因水温上升而大量死亡。

↑ 由于厄尔尼诺现象给全球带来了巨大的灾难，因此，这种现象已成为现今气象界和海洋界研究的

解不开的困惑

直到今天，人们对太平洋中出现的厄尔尼诺现象，仍有许多迷惑不解之处：发生厄尔尼诺现象时，那巨大的暖水流是从何处来的？它的热源究竟在哪里？

↓厄尔尼诺现象造成的雪灾、火灾

原因众多

厄尔尼诺现象的出现，不是单一因素所能解释的，它的形成机理也许是大自然中的水体、大气等诸多因素作用的结果。近年来，科学家对厄尔尼诺现象又提出了一些新的解释，即厄尔尼诺可能与海底地震、海水含盐量的变化，以及大气环流变化等有关。

日本圣山——富士山之谜

富士山海拔约 3 776 米，是日本第一高峰，也是世界上最大的活火山之一。富士山高耸入云，山顶白雪皑皑，放眼望去，好像一把悬空倒挂的扇子。

富士的得名

富士山名字的发音来自日本少数民族阿伊努族的语言，意思是"火之山"或"火神"。现在，富士山被日本人民誉为"圣岳"，是日本民族引以为傲的象征。

◀ 一群雪猴在富士山温泉里泡澡

东瀛圣山

富士山是日本第一圣山，也是日本自然美景的最重要象征。山顶是一个休眠的火山口，从空中鸟瞰有如一朵灿烂盛开的莲花般美丽，不过那是极少数人才能有幸亲身领会的一种风貌。

▼ 富士山

白雪皑皑的山顶终年积雪，在阳光照射下，像一顶闪闪发光的雪冠

富士五湖

富士山北坡有 5 个排成弧形的湖，统称为"富士五湖"，它们是火山熔岩流造成的堰塞湖，海拔都在 830 米以上。湖水碧波微荡，与蓝天连为一体，使富士山积雪的峰顶更显洁白与壮观。

形成之谜

与许多著名的山峰一样，富士山的形成也有很多种传说。其中，根据日本佛教传说，富士山是在公元前 286 年一夜形成的。此外，也有人说富士山是由于剧烈的地震形成的。还有人说是火山爆发形成了富士山近乎完美的对称山形。这些说法都有一定的依据，但富士山是具体怎样形成的，目前还没有一个定论。

休眠的火山

富士山是一座典型的圆锥形休眠火山。据记载，自公元 781 年有文字记载以来，富士山共喷发过 18 次，最近一次喷发是在 1707 年，这次喷发形成了今日富士山的锥形。

知识小笔记

1831 年，江户时代日本著名的浮世绘画家葛饰北斋以富士山为题材创作了 46 幅连续版画《富岳三十六景》。

富士山的山顶西侧从距今大约 1 万 1 千年前开始喷发出大量熔岩

冰与火的交汇——瓦特纳冰川之谜

瓦特纳冰川在冰岛的东南部，是欧洲最大的冰川。奇特的是，在瓦特纳冰川地区还分布着熔岩和火山口，这座冰川是名副其实的火山口上的冰川。

冰川上的岛国

瓦特纳冰川位于冰岛东南部，是一处巨大的冰源，面积为 8 300 平方千米，居世界第三位。令人称奇的是，瓦特纳冰川的冰川之多相当于整个欧洲其他冰川的总和。它覆盖的面积差不多等于威尔士或美国新泽西州的一半，部分冰层的厚度达 1 000 米。

→冉冉升起热气的温泉与寒冷的冰川形成鲜明的对比

▲冰河夹杂污秽火山泥石

冰与火交融

　　初雪、阳光和风霜替冰川刻划了万千纹理，令瓦特纳冰川面目一新。上百条冰川河夹杂着由高地冲下来的污秽火山泥石，从冰川尽头破裂的冰层下冲涌出来，激流的翻滚声或冰块坠落的隆隆声随时可闻。

知 识 小 笔 记

　　火山是地下深处的高温岩浆及其有关的气体、碎屑从地壳中喷出而形成的，具有特殊形态的地质结构。

延长中的海岸线

　　冰岛的心脏地带布满火山、熔岩，1/10 的土地被熔岩覆盖着。冰川大约以每年800 米的速度流转入比较温暖的山谷中，冰块抵达低地时逐渐融化消失，留下由山上刮削下来的岩石和砂砾，就形成了新的海岸线。

离奇的事故——死亡公路之谜

大千世界，无奇不有。地球上有一些令人恐怖的公路，常会发生让人意想不到的事故，致使车毁人亡。因此，人们将这样的公路称为"死亡公路"。

恐怖死亡公路

美国爱达荷州的州立公路上，有一处被司机们称为"爱达荷魔鬼三角地"的恐怖翻车地带。正常行驶的车辆一旦进入这一地带就会被一股神秘的力量抛向空中，随后重重摔到地上，造成车毁人亡的惨重事故。类似的"死亡公路"，还有中国兰州至新疆段的公路和波兰首都华沙附近的公路。

等待揭开的迷团

究竟是什么原因导致这种奇怪现象的发生呢？科学工作者也试图给出一个合理的解释。他们对各个"死亡公路"进行了实地考察和研究，得出的结论是：这些现象的产生是受到地下水脉辐射的影响。但是，科学家们仍是百思不得其解，这又是一个难解之谜。

↓死亡公路

知识小笔记

在美国俄勒冈旋涡格兰特狭口外沙甸河一带，有一个奇怪的地方，这里就好像有一股巨大的漩涡一样吸引着周围的东西，所以人们就管它叫"俄勒冈漩涡"。

会移动的棺材——走棺之谜

大西洋上有一个叫巴巴多斯的岛屿，岛上有一处水泥加固的大墓穴，门口用大理石封着，还用大锁紧紧锁住。然而，在这样严密的保护下，墓穴里的棺材竟然多次发生移动。

古老的家族墓地

巴巴多斯奥斯汀湾有一个古老的蔡斯家族墓地，当家族里有人去世，人们进入墓穴时，发现之前去世之人的棺材竟然被移得乱七八糟。这是怎么回事？是谁或是什么力量移动了半吨重的棺材？

位于加勒比海与大西洋边界上的巴巴多斯

移动的原因

为了解释这个谜，人们提出了许多推测和设想。有人提出会爆炸的马勃真菌是使棺材移动的罪魁祸首，可是，人们仔细搜查后并没有发现墓穴里有马勃真菌；也有人怀疑是地震或地下水等自然力量使棺材移动，但这也被证实是不可能的。

知 识 小 笔 记

有人甚至用幽灵鬼怪来解释走棺之谜。UFO 研究者也插足进来，他们指出这可能是外星人在地球上进行的远距离牵引实验。

悦耳的声音——岩石发声之谜

世界上有很多美妙动听的声音，风的呢喃，雨的低吟，小鸟啁啾，虫儿鸣唱……大自然的乐曲，总能令人心旷神怡。然而，你知不知道，岩石居然也会发出声音？

🏹 印第安人的圣石

在美国加利福尼亚州的沙漠地带，有一块巨大的岩石。每当月亮升起的时候，印第安人就会来到这里对着巨石顶礼膜拜，这时巨石就会发出阵阵迷人的乐声。

知识小笔记

岩石根据其成因，主要分为3大类：火成岩（岩浆岩）、沉积岩和变质岩。

美国加利福尼亚州的沙漠地带

"发声岩石"异常地带

在美国的佐治亚州，有一种会发出声音的岩石，人们称之为"发声岩石"。这里堆满了大大小小的岩石，它们不仅能够发出声音，而且发出的声音还很有节奏感。用小锤轻轻敲打这里的任何一块岩石时，周围的岩石和碎石片都会同时发出一种十分悦耳动听的声音。

奇形怪状的岩石

巨石

有待考证

到底是什么原因使岩石发声呢？有人说，这些地方是地磁异常带，存在着某种干扰源，岩石在辐射波的作用下，敲击的时候就会受到共振，于是就发出了声音。然而，这只是一种推测，还有待于科学证实。

地球磁场示意图

草原上的巨画——纳斯卡图形之谜

> **秘**鲁南部小城纳斯卡附近的谷地布满了大大小小的石块。这些石块排列得非常奇妙，有的构成了动植物的形象，有的组成几何图形，还有的排列成笔直的线条。

神秘的图案

整个纳斯卡谷地布满了由大小不一的石头组成的三角形、长方形、平行四边形、菱形和螺旋形等几何图形。它们又分别组成蜥蜴、蜘蛛、章鱼、老鹰、海鸥、孔雀以及仙人掌等动植物的轮廓图。

知识小笔记

德国女数学家玛利亚·莉切将自己的一生献给了纳斯卡图形。为了保护这些图形，她每日清扫覆盖在上面的沙石，从不间断，直至1998年去世。为此，秘鲁政府为她举行了隆重的国葬仪式。

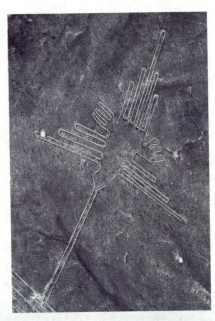

🐾 纳斯卡奇异图形之蜂鸟

纳斯卡谷地的巨画

当太阳升起时，一幅幅美丽奇异的图画便清晰地展现出来。然而，当太阳升至高空之后，这些巨画便会突然消失得无影无踪。如果站在平地上去观看，这些奇妙的图案将立刻失去所有的魅力。

最离奇的说法

关于这些图形最离奇的说法是：火星人曾降临到这颗蓝色的星球，并将纳斯卡做为基地，地面上的这些巨大图形便是太空船降落时的跑道和指标。

纳斯卡奇异图形

纳斯卡图形的用途

关于这些图形的用途和作用，一种说法是，这些图形也许是古印第安人的天文日历，他们根据阳光在哪条线上沉落来确定季节和时辰；另一种说法是，这些图形与当时印第安人举行的盛大宗教祭祀活动有关。

接踵而来的困惑

伴随着图形的发现，一系列谜题接踵而来：这些奇异的图形究竟是如何绘制的？谁才是它们的创作者？巨画的用途又是什么？经过认真的研究后，科学家如今可以确定的是，这些奇异的图形出自古印第安人之手。

秘鲁南部纳斯卡沙漠

飘忽不定——"佛灯"之谜

月明星稀的夜晚，在庐山大天池对面的山谷里可以看到数百上千闪烁的荧光时聚时散，忽明忽暗，变化多端，这就是神秘的"佛灯"。千百年来，"佛灯"现象被广泛记载和流传。

云层包围的庐山给人神秘的感觉，诗人周必大曾在此目睹了罕见的景象

"云层反射"说

1981年底，一位在海军航空兵服役的飞行员提出"佛灯"是"云层对星光的反射"所致。云层就像一面镜子似的反射星光，而且云层在运动，被它反射的星光也在动，所以就造成忽明忽暗、时聚时散、神秘莫测的效果。

"佛灯"的来历

由于最早出现"佛灯"是在庐山大天池旁的文殊台下，所以古人便认为这是神灵和仙佛手提灯笼在天地间穿行，各种解释神乎其神，不可思议。到了近代，人们则认为"佛灯"是夜间山谷中的磷火。

知识小笔记

五百多年前的明代学者王守仁在天池寺留宿时看到了佛灯，并写下了著名的《文殊台夜观佛灯》一诗。诗云：老夫高卧文殊台，拄杖夜撞青天开，撒落星辰满平野，山僧尽道佛灯来。

疑惑之处

尽管云层反射星光产生"佛灯"观点有一定的理论依据，但是与庐山大天池地理环境和自然条件相同的地方在其他地方比比皆是，而"佛灯"却很少在这些地方出现。

◀ 云层反射

"佛灯"的身世之谜

有人认为"佛灯"是山下灯光的折射造成的，也有人说是星光在水田里的反射所致，还有人说是萤火虫在飞舞……此外，诸如山中的荧光石发光说和死去动物的骨骼所含的磷质在空气中自燃说，种类繁多。然而，这些说法都有漏洞，难以令人信服。

水中幽灵——长白山天池"水怪"之谜

长白山天池是世界最大、最深的火山湖。近百年来，被传说得沸沸扬扬的"怪兽"之谜为这座壮美的高山湖泊增添了一份神秘的色彩。

第一次露面

自 1962—1980 年共有二十多人目睹过天池"怪兽"。此外，长白山最具权威性的《奉天通志》《长白汇征录》等都对天池"怪兽"有记载和描述。关于"怪兽"的形状，有的形容为方顶有角、长项多须的蛟龙，有的比喻为头大如牛、体型如狗、嘴状如鸭的怪物。

知识小笔记

长白山天池四周奇峰林立，池水碧绿清澈，是松花江、图们江、鸭绿江的三江之源。

神秘"怪兽"频频露面

从 20 世纪初地方文献的详细记载到近几十年数以千计的人几十次的目击，使天池存在"水怪"成为难以否认的事实。2005 年 7 月，神秘的天池"怪兽"再次出现，并且被游客摄入了镜头之中，它再次成为热门话题。

长白山天池

天池水怪谜案

在 2000—2005 年，不断有人在长白山天池中发现了水怪，这一发现引起了世界各界人士的关注。事隔 5 年之后，科学家们提出水怪可能是水獭。原因是在摄像机里拍摄的水怪和水獭有惊人的相似，而且水獭一般都是在春季离开天池秋季来到天池。

揭开怪兽之谜

长白山天池"怪兽"之谜引来无数寻找谜底的人，但长白山天池中究竟有没有"怪兽"却是一个未解之谜。它为何能在缺乏食物的环境中长期生存？至今没有定论。这个世界之谜还需要经过更长时间的研究才可以彻底揭开谜底。

动植物谜团

地球是一个和谐的乐园，动物、植物以自己的方式生活在地球上。恐龙留下的悬念、神出鬼没的水中怪兽、荒野中的大象坟场、植物是否吃人……都是大自然留给我们的一个个未解之谜。此刻，在领略到大自然无穷魅力之后，让我们去营造更加和谐的人与自然关系。

神秘的物种——猛犸象灭亡之谜

猛犸象又叫长毛象，他们身上裹着厚厚的脂肪，御寒力超强。可是一万年前，猛犸象从地球上消失了，这是为什么呢？

关于猛犸象

猛犸象是生活在寒带的大型古哺乳动物，最早生活在北半球的第四纪大冰川时期，主要以草和灌木叶子为生。一头成熟的猛犸象身长达 5 米，高约 3 米，门牙长 1.5 米左右，体重可达 4 ～ 5 吨。猛犸象具有极强的御寒能力，身上披着黑色的细密长毛，而且有约 9 厘米厚的脂肪层。

知识小笔记

猛犸象曾经是世界上最大的象，是一种能适应寒冷气候的动物。

↖现代象是从始祖象进化而来的。科学家根据化石发现，始祖象仅吻部（鼻子的延长部分称作吻部）较长，体型比现代象小很多，肩高约 0.7 米，身长约 3 米

↖猛犸象，俗称长毛象，浑身长满了长长的毛

猛犸象与人类

　　猛犸象曾是石器时代人类的重要狩猎对象，在欧洲的许多洞穴遗址的洞壁上，常常可以看到早期人类绘制的它们的图像。

猛犸象的进化

　　猛犸象生活到距今 1 万年的时候突然全部灭绝了，是什么原因造成的呢？专家们做过仔细的研究，总结了几种原因。其中，气候转变、种群生长速度缓慢、人类猎杀是主要原因，现在又有人提出了新的观点，例如瘟疫的散布等。

猛犸象

众说纷纭——恐龙灭绝之谜

在 距今两亿多年前,地球上曾经生活着许多长着尾巴和强有力后肢的爬行动物,它们就是恐龙。恐龙曾是地球的霸主,可是在6 500万年前,它们却突然灭绝了。

★ 恐龙分类

恐龙的种类繁多,它们的体型和习性相差甚远,根据食性可以分为草食性恐龙、肉食性恐龙及杂食性恐龙三大类;而根据骨骼化石的形状,则可以分成鸟龙类和蜥龙类。

▶种类繁多的恐龙

知识小笔记

1842年,英国古生物学家理查德·欧文称恐龙为"令人恐怖的蜥蜴",其拉丁文学名为Dinosaur,汉语译为"恐龙"。这是世界上第一次提出"恐龙"一词。

灭绝之谜

关于恐龙绝种的真正原因，到目前为止仍旧是一个谜题。科学家们通过长期的深入研究，提出了各种观点，其中比较有代表性的有小行星撞击说、气候变化说、优胜劣汰说、生物周期性灭绝说及新星爆炸说。

恐龙的时代

恐龙从三叠纪晚期出现到 6 500 万年前白垩纪末期灭绝，共统治了地球近 1.6 亿年的时间，活跃在整个中生代三叠纪、侏罗纪和白垩纪时期，因此中生代又被称为"恐龙时代"。

▶ 科莫多龙是世上最大的蜥蜴，属于巨蜥科，在印度尼西亚的四个岛屿栖息

小行星撞击说

1979 年，美国加州大学伯克利分校著名物理学家路易斯·阿尔瓦雷兹提出了著名的小行星撞击说，这种观点如今得到越来越多科学家的支持。据说，在恐龙生活的年代，有颗小行星撞击了地球，引起了大爆炸，而这次大爆炸使所有恐龙濒临灭绝。

海洋中的救生员——海豚之谜

海豚是一种本领超群、聪明伶俐的海中哺乳动物,属体型较小的鲸类,它广泛分布于世界各大洋,经过训练,能打乒乓球、跳火圈等。除人类以外,海豚的大脑是动物中最发达的,它还拥有许多人类无法解释的本领。

海洋公园的"大明星"

海豚天生好动,善于模仿,在海洋公园里,经过驯化的海豚可以表演很多高难度的动作。当它"玩性大发"时,所有被碰上的东西都会成为它们的玩具。它们可以表演"唱歌""顶球""牵船""打保龄球""钻火圈"等很多精彩的节目。

➤海豚是聪明的动物,经过人类的特殊训练,海豚可以做出相当难的表演动作

"海中智叟"

从解剖学的角度来看,海豚的脑部非常发达,不但大而且重。海豚大脑半球上的脑沟纵横交错,形成复杂的皱褶,大脑皮质每单位体积的细胞和神经细胞的数目非常多,神经的分布也相当复杂。

➤多数海豚头部特征显著,由于透镜状脂肪的存在,喙前额头隆起,又称"额隆",此类构造有助于聚集回声定位和觅食发出的声音

大脑"轮休"

海豚的睡觉方式采取的是"轮休制"，它的两个大脑半球可以轮流休息。当右侧的大脑半球处于疲惫状态时，左侧的大脑半球却处于兴奋状态，每隔十多分钟交替一次，非常有规律。它们是如何做到这一点的？这种习性又是怎样形成的？现在仍然是一个谜。

↑ 自古以来流传着许多关于海豚救人的美好故事

知识小笔记

海豚属于哺乳纲，鲸目，齿鲸亚目，海豚科，通称海豚，是体型较小的鲸类。

"照料天性"

海洋动物学家认为，海豚救人的美德来源于海豚对其子女的"照料天性"。原来，海豚是用肺呼吸的哺乳动物，它们在游泳时可以潜入水里，但每隔一段时间就得把头露出海面呼吸，否则就会窒息而死。因此刚出生的小海豚最重要的事就是尽快到达水面，但若遇到意外的时候，便会发生海豚母亲的照料行为。

南极的主人——企鹅识别方向之谜

在南极那片白色的大陆上，生活着一群特殊的"居民"，它们都拥有浓密的羽毛和厚实的脂肪，就像是穿着御寒的羽绒服一般。这种生物就是被誉为"南极主人"的企鹅。

伟大的旅行家

每年的 11 月份，南极大陆开始了长达半年的白昼。这时，企鹅爸爸和企鹅妈妈们，会带着它们的儿女离开家乡，到千里之外的海洋中寻觅食物。等到第二年 2—3 月份，南极的寒夜再次来临，企鹅们又日夜兼程地返回故乡。就这样年复一年，从不间断。

常年生活在南极大陆的企鹅

知 识 小 笔 记

企鹅是一种不会飞行的鸟类，属于企鹅目，企鹅科。

辛苦的父母

永不迷路

令人不解的是，企鹅如此大规模的迁徙，却从来没有发生过迷路的现象。不管离开栖息和繁殖的地方有多远，它们都能顺利地返回故乡，它们辨别方向的能力似乎比飞机的导航仪还准确。那么，企鹅究竟是依靠什么"秘密武器"来探路的呢？

在冰雪覆盖的南极，人类特别容易失去方向感，可是企鹅却从不迷路

不解之谜

有科学家提出，企鹅可能是根据头顶上的太阳来确定方向的。然而，这种说法却无法令人信服。因为太阳的位置并不是固定不变的，而且不一定时时都出现，这样怎么能够确保企鹅不迷路呢？看来，我们想要真正地了解企鹅，恐怕还要进行更多的探索和研究。

凄美的传说——美人鱼之谜

世界各国的典籍中，都有许多关于美人鱼的记载。美人鱼的传说流传很广，它们俨然已经成了美丽的化身。可是美人鱼到底是否真正存在，至今还是一个难解的谜。

传说中的美人鱼

传说美人鱼是出海人的诅咒，她们上半身美得让人窒息，下半身却是长满鳞片的冰冷鱼尾，再加上魅惑人心的歌声，无数的水手们就这样被引向不归路，据说美人鱼是没有灵魂的。

在大部分文学作品当中，美人鱼没有灵魂，像海水一样无情；声音通常像其外表一样，具有欺骗性

知识小笔记

丹麦作家安徒生的经典作品——《海的女儿》里的美人鱼最负盛名。

真假传说

有人认为美人鱼确实存在，它们都有半身像人、半身像鱼的共同特征，雌性还会抱着小人鱼喂乳。还有一种观点认为，美人鱼可能是一种叫作"儒艮"（俗称海牛）的海洋哺乳动物。儒艮用乳汁喂养幼子的行为，很可能被人类误认为是美人鱼抱仔的行为。

雌雄互换——鱼类变形之谜

生物都是有雄有雌的,然而在五彩缤纷的鱼类世界里,却经常发生性别互换的事情。鱼儿为什么会转换性别呢? 科学家们一直在试图解开这个谜题。

红鲷鱼的变性

每个红鲷鱼家庭通常是由 20 多个成员组成的,其中只有一尾是雄鱼,其余的都是雌鱼。如果这尾雄鱼死去或失踪,那么从剩下的雌鱼中则会变性出一尾雄鱼。以此类推,总之,这个红鲷鱼家庭中始终都要有一尾雄鱼。

↑ 红鲷鱼

身份互换

我们所熟知的黄鳝,刚出生时都是清一色的"女儿身",而一旦性成熟产卵后,它们的生殖系统会突然发生变化,变成"男儿身"。有科学家猜测,有些鱼类改变性别是为了最大限度地繁殖后代。

知识小笔记

鱼类终生生活在海水或淡水中,大都具有适于游泳的体型和鳍,用鳃呼吸,以上下颌捕食。

↑ 黄鳝

不远万里——候鸟迁徙之谜

有些鸟儿一年中随着季节的变化，会定期沿着固定的路线，作远距离的迁徙，我们把这种鸟叫作候鸟。那么，候鸟为什么要历经艰险，进行大规模的迁徙呢？

迁徙

迁徙是候鸟一年生活周期中规律性的必然过程，通常每年春、秋迁徙两次。春季向繁殖区迁徙，迅速而有规律，秋季向南迁徙，迁缓散漫。迁徙是一个非常艰苦的过程，因此，在迁飞之前，候鸟往往要做充分的准备，例如积累脂肪、储备足够的能量等。

秋季来临，大量候鸟开始一年一度的迁徙活动。图为候鸟迁徙时的壮观景象

知识小笔记

每年随季节的不同，把在繁殖区和越冬区之间进行迁徙的鸟类称为候鸟。

鸟类能通过对太阳、星星和地面特征的观察识别迁徙的道路，鸟类还有一种对地磁场的感应能力，这更加强了它们对路线判断的准确性

迁徙的原因

关于候鸟迁徙的原因，有人提出了"环境适应说"，认为候鸟迁徙是由于生活条件的改变而引起的，这样能够找到最适宜的生存环境。大部分鸟类学家认为，候鸟的迁徙并非是由单一因素造成的，而是多种因素共同作用的结果。

准确的识别

候鸟的迁飞时间、路线几乎每年都一致，更奇特的是，有些候鸟在第二年返回故乡时，还能找到它们往年住过的"老房子"，并在这座"房子"里一代一代地生活下去。

北极燕鸥

候鸟总是成群地向温暖的地方迁徙

迁徙的"法宝"

近年来，科学家的研究表明，鸟类有特别发达的"方位感"，可以借助太阳和星辰的方位来判断局部时间，并决定迁徙的方向。此外，还有人认为，鸟类能感受到地球的磁场，并加以定位。这些都是它们迁徙的"法宝"。

古老的传说——大象坟场之谜

关于大象可以预知死期的传说已经流传了数百年。大象一般都是自然老死的，它们最后魂归何处，大象坟场是否真实存在，已经成为一个争论不休的问题。

✦ 大象的葬礼

据说大象是一种很重感情的动物，每当有大象不幸死去的时候，它的同伴都会为它举行葬礼，然后集体把它下葬。而"象墓"一般也被同伴踩踏成平地，所以人们很难找到大象的坟墓。

↑ 大象

知识小笔记

象牙一般是指公象的獠牙，它一直被作为名贵的雕刻材料，因此，大象遭到大肆滥捕，数量急剧下降。

偷猎者的谎言

有人认为大象坟场只是某些偷猎者编出来的谎言，为了掩盖他们捕猎大象的罪行，于是他们就捏造了发现大象坟场的故事。

坟场不为人知

也有些人认为，现在由于人类活动范围扩大，大象的生存环境发生改变，很难找到不为人知的坟场，所以出现"就地埋葬"的情况，但是这并不能说明大象过去没有坟场。

葬身沼泽

还有人认为大象临死前都会走进沼泽地里，所以人类无法发现它们的尸体，但这仅仅是人们的猜测而已。

△ 传说年老的大象在死亡之前，会来到自己的祖辈们安息的坟场等待死亡

更多谜团

被埋葬的都是母象或幼象，长着珍贵象牙的公象尸体却从来就没被发现过。这又该如何解释呢？如果大象真的可以预知死亡，那么它为什么会先知先觉呢？也许在将来的某一天，这些谜团会被逐一破解。

惟妙惟肖——鹦鹉学舌之谜

鹦鹉是一种漂亮温顺的鸟类，人们喜欢它们的一个重要原因在于它们能够模仿人类的语言。鹦鹉学舌之谜自古就是人们十分关注的话题，在我国的古书中记载着不少关于鹦鹉能言的神奇故事。

"绿衣使者"

相传唐朝长安富商杨崇义在家中被杀，地方官到他家中勘察现场，一只被关在笼子里的鹦鹉反复念叨着一个叫"李龢"的名字。后来一查，李龢果然承认自己是杀人凶手。后来，这件事情传到了皇宫，唐明皇立刻下旨赐予破案有功的鹦鹉"绿衣使者"的封号。

◀ 鹦鹉一直是人们所熟悉的模仿专家，它们能学习很多人类的语言

知识小笔记

鹦鹉是典型的攀禽，两趾向前，两趾向后，适合抓握，它的鸟喙强劲有力，可以食用硬壳果。

"效鸣"

有人认为，鹦鹉和其他鸟类之所以会说话或者能发出别的声音，仅仅是一种仿效行为，也称为"效鸣"。鸟类并没有发达的大脑皮质，鸣叫的中枢位于比较低级的纹状体组织里。因而，它们不可能懂得所模仿声音的真正含义。

→鹦鹉

鹦鹉凭借其美丽无比的羽毛和善学人语的特点，备受人们喜爱

奇怪的行为——海龟"自埋"之谜

龟是存在了1亿年的史前爬行动物，是有名的"活化石"。众所周知，海龟属于比较懒惰的动物，可以待在水里一动不动。不仅如此，它有时还会将自己埋在淤泥里，这是怎么回事呢？

海龟"自埋"

在美国佛罗里达州东海岸，一位潜水员曾发现一只整个身体都埋在淤泥里的海龟。当潜水员把这只他以为死了的海龟挖出来后，它竟然动了一下，原来这是一只活生生的大海龟！

知识小笔记

海龟是海洋龟类的总称，是所有龟鳖类动物中唯一生活在海洋的物种。

海龟四肢粗壮，有坚硬的外壳，和陆龟一样外壳都由角质的盾片构成。头、尾和四肢都有鳞，且都能缩进壳内

解不开的困惑

海龟为什么要"自埋"呢？它为什么在水下停留那么长时间都不会窒息呢？这似乎不符合常理。这究竟是一种自卫行为，还是一种习惯呢？

↑ 海龟也会"流泪"

众说纷纭

有人认为，所谓的海龟自埋，可能只是海龟冬眠的一种方式。还有一种解释认为，有一种叫藤壶的海生软体动物常常寄生在海龟身上。海龟为了摆脱它们，便会在淤泥里长时间"浸泡"，让这些累赘窒息而死。

↑ 海龟"自埋"

谜团难解

有专家认为，海龟"自埋"或许仅仅是一个短期现象。由此看来，我们不能将海龟的"自埋"现象与冬眠等同起来。到目前为止，这个问题依然没有得到圆满的解决。

↑ 埋在沙子中的小海龟正在努力向外爬

海中的怪兽——海豹干尸之谜

海 豹的头圆圆的，胡子很长，看上去憨态可掬。海豹通常生活在紧靠海边的陆地上，可是，科学家却在远离海岸的干谷里发现了海豹的干尸，这到底是怎么回事？

"海中怪兽"

海豹是一种肉食性海洋动物，身体浑圆，皮下脂肪很厚，看上去憨态可掬。它们的两只后脚不能向前弯曲，所以在陆地上只能靠前肢匍匐前进，可是它们一进入海洋，就会变得异常灵活，因而有"海中怪兽"之称。

↑ 海中怪兽——海豹

海豹的故乡

南极洲是海豹的故乡，海豹数量堪称世界第一。这里不仅海豹数量多，海豹干尸也特别多。可是，科学家们发现的海豹干尸地，却不是在接近海边的地带，而是在远离海岸大约 60 千米的干谷里。

知识小笔记

食蟹海豹主要以磷虾为食，食性与须鲸相似，喜群居，主要分布于南极大陆。

海豹

海豹干尸

奇怪的是，变成干尸的只有食蟹海豹和威德尔海豹两种。我们知道，海豹经常生活在紧靠海边的陆地上，尤其是食蟹海豹，常常生活在远洋。可是，它们为什么会死在距离海岸那么远的地方呢？

南极洲是海豹的故乡

"古海退落说"

有些科学家认为，这些干谷地区在古代曾经是一片茫茫大海，后来由于海面降低，海水退落而变成了干谷。这些幼年的海豹由于未能随着水流及时逃走，才变成了干尸。然而，这些干谷地区并没有古海区地形的遗迹。

骇人的报道——鲸类集体自杀之谜

鲸 是一种海洋哺乳动物，它们通常成群结队地在大海里生活。可是它们有时却会结伴游向海岸边，最后窒息身亡。自古以来，世界上许多国家都有关于鲸类集体自杀的记载。

✦ 最早的记录

在我国，早在公元前，班固所撰《汉书》中就记载了莱州湾有 7 头巨鲸集体自杀；在国外，最早的记载是 1784 年 3 月 13 日有 32 头抹香鲸在法国奥栋港集体自杀……近几十年来，已有超过 10 000 头鲸类搁浅死亡，数目最多的一次为 835 头，几乎包括鲸目动物的每一个种类。

↑ 抹香鲸

> **知识小笔记**
>
> 鲸鱼虽然有鱼字，其实它并不是鱼类，而是哺乳类动物。

✦ "恋群悲剧"

对鲸类集体自杀最早的解释是鲸类具有恋群的特点，一旦有一只搁浅，其他的全都会奋不顾身地前来救助，以致接二连三地搁浅，这种忘我的救援行动不但不能奏效，反而使整个群体遭受灭顶之灾。

大自然的捉弄

有研究者认为鲸类的悲剧与地球磁场有关，鲸类搁浅的地方往往是磁力较低或极低的区域，当鲸类沿着磁力较低的路线前进时，容易搁浅在海滩上。不过，这种说法至今无法证实。

↑ 杀人鲸

自身犯迷糊

有人认为鲸类因自身的回声定位功能失灵而导致搁浅自杀。由于鲸辨别方向是是利用回声，当它向着有较大斜坡的海滩发射超声波时，回声往往误差很大，甚至完全接受不到回声，也会因此迷失方向。

声呐干扰

英国和西班牙科学家研究发现，军舰产生的各种噪声，如军舰上的发动机声音、水声测位仪和声纳系统以及水下的爆炸声等，会破坏鲸的回声定位系统，使它们不能辨别方向而误送性命，最终酿成一次又一次的悲剧。

残杀幼仔——动物杀"婴"之谜

动物都有护幼的天性，但是偏偏有些动物在产仔后，会残杀自己的幼仔，这种杀"婴"行为从灵长类、食肉类、啮齿类，到鸟类、鱼类都有发生。

残忍杀子

常言道：虎毒不食子。可是，动物学家们却发现猫、兔和某些啮齿类动物在产仔后，偶尔会出现残杀自己亲生幼仔的现象。那么，这些动物为什么要杀死自己的后代呢？

知识·小·笔记

科学家已发现老鼠、熊、鹿、草原犬鼠、狐狸、鱼、黄蜂、大黄蜂和蝼蛄等都存在杀"婴"行为。

气味不相投

研究表明，嗅觉辨认是哺乳动物母子相认的关键因素。有实验证明，非亲生的幼兽由于身上的气味与母兽气味不相投，不仅得不到母兽照顾，反而会遭到攻击。所以，某些啮齿类的幼鼠如果被人用手摸过，母鼠不久就会将带有异味的幼鼠咬死，甚至吃掉。

↑ 母老鼠和其幼仔

恶劣的环境因素

近些年来，野外工作者发现某些野生动物，如野猪、红狐、鹳等，在环境条件比较恶劣，如食物极为贫乏、缺水、受惊扰或幼仔有病、发育不良等情况下，会杀死幼仔。从某种程度上说，这种本能有利于动物在恶劣的环境中生存下去，因而被自然选择保留下来。

↑ 母野猪和其幼仔

传递遗传基因

雄兽杀"婴"可能是因为雌兽在哺乳期不能发情交配，而一旦把幼仔咬死，雌兽又可以发情，雄兽因此得以将自身遗传基因传递给后代。这种出于传递自身基因的本能，也是动物在自然选择过程中保留下来的。

↓ 母狮和其幼仔们

本能行为

动物杀"婴"尽管有种种原因，但归根结底，是一种在种族内竞争获得优势的情况下出现的特殊行为。不过，动物界中的杀"婴"现象并不普遍，否则，动物种群不可能生存、繁衍到今天。而专家推测的原因是否正确或全面，也需要进一步验证。

神奇的"第六感"——未卜先知之谜

人们至今也不能准确预报地震，然而一些动物却能敏锐地感知地震的发生。除了能感知地震、风暴、海啸等灾难性自然现象之外，许多动物还能感知天气的变化。

大地震前兆

发生在 1923 年 9 月 1 日的关东大地震是日本历史上最强烈、损失最惨重的一次地震。大地震发生前，周围的动物都开始狂躁不安，牛、老鼠、鸽子、黄鼠狼等纷纷从住处逃出来，甚至连冬眠的蛇也被惊醒。

★鸽子对灾难的来临具有特殊的感应

动物"预报"地震

动物为何能感知地震的发生？有人认为，地震前会有一些微量气体释放出来，一些嗅觉灵敏的动物能闻到；有的认为，地震前地热会发生异常，居住在地下的动物如蛇、老鼠会感知到……然而，也有些科学家认为，动物异常是自然界中的常见现象，并不是每次出现异常就必定发生地震。

知识小笔记

地震与海啸、龙卷风、冰冻灾害一样，是地球上经常发生的一种自然灾害。

"预知"风暴

1972 年 11 月 13 日上午 9 点左右，德国帝萨克森北部发生了一场特大风暴。可怕的风暴过后，人们进入森林考察，只找到 37 具动物的尸体，大多数动物在风暴来临前就已经"撤离"。

大量事实证明，动物对地震的预感要比人类灵敏得多

鳄鱼

"先知"海啸

2004 年 12 月 26 日的印度洋海啸，数十万生命瞬间被吞没。然而，令动物保护专家感到困惑的是，当地的大象、鹿、狼和鳄鱼等动物却安然无恙。

死而复生——动物重生之谜

起死回生,是人们梦寐以求的事,可是有些动物却能轻易做到。科学家们发现,许多动物在新陈代谢已经停止很长时间之后,如果遇到适当的条件,仍然可以死而复生。

↑ 蚯蚓

蚯蚓重生

据说,早在 1917 年就有人做过实验:将一条蚯蚓放在装有吸水溶剂的玻璃罩中,等蚯蚓全身失去水分,变得干瘪皱缩,没有生命迹象时,再将它放到潮湿的纸上。一段时间之后,蚯蚓干瘪的身体竟然开始慢慢舒展,最终恢复生机,重新开始活动。

观点解析

有人提出一种观点:如果研究对象是一些低级的单细胞生物,它们的生命形式相对简单,所以恢复活性也比较容易,而像蚯蚓这样的多细胞生物情况就会复杂得多。

知识小笔记

蚯蚓是变温动物,体温随着外界环境温度的变化而变化。

青蛙复活

19世纪，人们在墨西哥的一个石油矿里挖出一块200万年前形成的岩石，并发现有一只青蛙被岩石完全包裹着。那只青蛙接触到空气后竟然活动起来，两天之后才死去。在这漫长的200万年中，既没有水，也没有食物，这只青蛙究竟是怎么维持生命的呢？着实让人费解。

青蛙也有复活能力

死而复生实验

据有关专家介绍，死而复生实验是在深低温状态下进行的，在这种状态下，实验对象的脑电波是一条直线。在特殊的温度条件下，实验对象的脑细胞处于急冻状态，虽然停止工作，但并没有死亡。等手术做完后，恢复实验对象的温度即可使其恢复活力。

展望前景

尽管死而复生实验在动物身上早已成功，但是被深低温冷冻的动物复活后一些器官变得非常脆弱。通过长期研究和实验，专家们计划采用头部与身体其他部分温度分离等诸多新技术，以期解决这一难题。

近年来，有报道称，世界几家科研机构进行的死而复生实验已经在猪、狗等动物身上取得成功

疯狂的杀戮——杀过行为之谜

动物为了自身的生存和发展，会捕杀猎物来果腹，这本是一件很正常的事。可是有些动物却会一次性杀掉超过自身食量数倍的猎物，这种杀过行为的原因是什么呢？

莫名其妙的杀过行为

动物杀过行为是指一些凶残的肉食性动物一次杀死的猎物远远超过自己食量的现象。几只饿狼一次竟然可以杀害上百只小驯鹿，这种行为明显违背了动物捕猎是为了食物的法则，那么它们的动机究竟是什么呢？

知识小笔记

食物链指生态系统中各种生物以食物联系起来的链锁关系。

猫头鹰捕鼠

猫头鹰是捕捉田鼠的能手，尤其是在繁殖期间的猫头鹰的捕鼠本领更为惊人，会表现出非常激烈的杀过行为。有些猫头鹰即使在饱餐之后，遇上鼠类仍会奋力追逐，宁可杀死扔弃，也不让田鼠从自己的视线中逃脱。

"物竞天择，适者生存"不仅适用于人类社会，同样也适用于动物界

赤狐的杀过行为

荷兰的一位动物行为学家，曾亲眼看见一只赤狐仅用了不足10分钟的时间，便把12只小鸡全部杀死。但是，令这位动物行为学家不解的是，这个残忍的家伙却只带走了其中1只小鸡，将其余的11只死鸡都留在了屠杀现场。

杀过行为背后

有些动物行为学家认为，杀过行为是由动物凶残嗜血的本性造成的，好似在发泄情绪；有些人提出，这种行为只是偶然现象，可能是动物在接近猎物时，受到被害动物的惊吓、窜逃或狂叫的刺激而引起的。

↑ 杀过行为对家禽有利有弊

动物过杀行为引起的思考

对于人类来说，动物的杀过行为既有利又有弊。如猫头鹰大量杀死田鼠，显然是对人类有益的，但是赤狐杀死家禽，狮、豹、狼等猛兽杀害家畜和破坏野生动物资源，又是对人类不利的。

回家的法宝——迷途知返之谜

动物似乎没有迷路的烦恼，它们即使离家千里，也总能准确找到回家的路。虽然每种动物的认路方式不尽相同，但它们这种才能的确值得人类进一步地研究和探索。

飞鸽识途

鸽子是动物王国中的认路"高手"，如果把它带到千里之外的地方去放飞，它能迅速而准确地飞回自己的窝里。经过训练的鸽子，能从很远的地方飞回家，把信件准确地送到主人的手里。

鸽子的认路本领很强，所以古代人常常用信鸽传书

认路原由

有些科学家认为，鸽子之所以能从很远的地方重归故里，是因为它不仅能靠太阳指路，还能根据地球磁场确定飞行的方向，特别是在乌云蔽日或大雾笼罩的天气里。

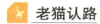

老猫认路

1974年，一位兽医从纽约迁居到加利福尼亚。因为时间匆忙，把一只养了很长时间的猫丢在了原来的家里。没想到这只猫竟然跋涉了4 000千米，几乎横穿大半个美国国土，找到了它的主人。

知识小笔记

蚂蚁和蜜蜂也有出色的认路本领。它们主要是依靠天空的偏振光和气味来导航。

↑ 老猫也具有很强的认路本领

海龟识归路

在繁殖季节，海龟们会将卵产在沙滩上。奇怪的是，那些刚出生的小海龟无论离开出生地多远，都能准确地按原路线返回。有人认为，海龟除借助洋流与海水化学成分导航外，还能凭借地球重力场导航。

骇人听闻——吃人植物之谜

有关植物吃人的事情，许多报刊杂志都刊登过。虽然这些报道对吃人植物作了详细的描述，但至今也没有直接的证据，使得植物吃人更加神秘而疑云重重。

食虫植物

众所周知，世界上有些吃虫子的植物，例如猪笼草、捕蝇草、狸藻等。这些食虫植物能借助特别的结构捕捉昆虫或其他小动物，并靠消化酶、细菌将小虫分解，然后吸收其养分。

植物学家的观点

如今，大多数植物学家认为，有些植物的根、茎、叶在特殊的环境中，虽然有可能发生变态，但是无论如何也不会发展到吃人的程度。因此，他们认为世界上根本不存在吃人植物。

知识小笔记

目前发现并确定具有食虫性的植物已有 600 种以上。

↓ 捕蝇草

马达加斯加岛上有世界上其他地方都没有的 15 万种动植物

传闻的由来

一位名叫卡尔·李奇的德国人在探险归来后说他在非洲的马达加斯加岛上，亲眼见到过一种能够吃人的树木，当地居民把它奉为神树。于是，世界上存在吃人植物的骇人奇闻便四处传播开来。但是，由于缺乏有力的证据，因此许多植物学家对于吃人植物的存在仍然持怀疑态度。

未知的可能

少数科学家认为，虽然目前还没有足够证据证明吃人植物的存在，可是不应该武断地彻底否定。因为科学家的足迹毕竟还没有踏遍地球上的每一个角落，也许在某个神秘的原始森林里还真的存在吃人植物呢！

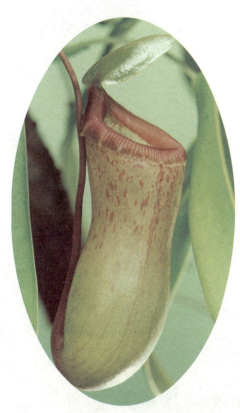

猪笼草能够分泌可以吸引昆虫的腺体，一旦昆虫触到壁上的蜡质，就会被猪笼草消化掉

喜怒哀乐——植物情感之谜

你 相信吗？植物也会像人一样，有自己的喜好和情感，会欣赏音乐，甚至还拥有自己的独特语言！这听起来像天方夜谭，但科学家认为它们有可能是真实存在的。

植物情感的发现

美国中央情报局专家利用一台改装的测谎仪，经过多次试验，发现不但植物之间能够交流，而且植物和其他生物之间也能交流。这项研究引起了科学界的巨大反响。

人与植物的交流

科学家维克多在实验中先用催眠术控制一个人的感情，将处于睡眠状态的受试者右手，通过一只脑电仪，与附近植物的叶子相连，他从脑电仪的记录仪看到，植物和受试者居然产生类似的反应。

↑ 含羞草

永无止境的探索之路

随着研究的进一步深入,我们通过实验获得了许多有关植物情感的信息,但是关于植物有没有情感的探讨和研究,依然没有得到科学家的一致肯定。

知识小笔记

植物利用叶绿素,在阳光的照射下,将二氧化碳、水等转化为自身需要的碳水化合物。

植物与音乐

美国路易斯安那州的一名研究人员史密斯,连续 20 天对大豆播放轻松愉快的音乐,结果听音乐的大豆秧苗比未听音乐的高出 1/4。史密斯认为,也许正是这类音乐激发植物的某种情感,从而促使它们加速生长。

植物的情感交流

1983 年,美国华盛顿大学两位生态学家在研究受害虫袭击的树木时发现,植物在遭到破坏的情况下,不仅会产生恐惧感,还会向空中传播化学物质,对周围的树木传递警告信息。

无奇不有——植物走路之谜

植物与动物不同，它们一生都固定在同一个地方，根部一旦离开了土壤便会枯死。然而在大自然中，竟然真的存在会"行走"的植物，真是令人匪夷所思。

野燕麦

禾本科的野燕麦是一种靠湿度变化走动的植物。野燕麦种子的外壳上长着一种类似脚的芒，芒的中部有膝曲，当地面湿度变大的时候，膝曲伸直，地面湿度变小时，膝曲恢复原状，在一伸一屈之间不断前进，一昼夜可推进1厘米。

知 识 小 笔 记

植物通常是不运动的，因为它们不需要寻找食物。

▽燕麦

风滚草

风滚草

戈壁里有一种常见的植物叫风滚草，当干旱来临的时候，它会从土里将根收起来，团成一团随风滚动。在戈壁的公路两旁，起风的时候经常可以看见它们在随风滚动。

仙人掌

会"走路"的仙人掌

在南美洲的炎热沙漠中，生长着一种会"走路"的仙人掌。如果原来生长的地方缺少水分，它们能将自己的根系收缩到土层外面，根须一步步向前行，寻找有水分和养料的土壤。一旦找到合适的环境，它们就将根的软刺扎进土壤，迅速生根发芽，从此"定居"下来。

带来的困惑

这些"会走路的植物"为什么在根须拔出之后不会枯死呢？它们为何有如此强大的生命力呢？这一系列问题还需要我们继续去寻找答案。

化学武器——植物"自卫"之谜

植物生长在固定的地方，遇到敌人时无法像动物那样逃跑，为了生存，植物也逐渐具备了防御敌害的本领。有些植物在受到虫兽侵害之后，甚至能产生"自卫"的化学武器。

植物的自卫

1970 年，美国阿拉斯加州的原始森林中野兔横行，它们疯狂地啃食嫩芽、破坏树根，严重威胁着植物的生存。后来，被野兔啃过的植物重新长出的芽、叶中产生了大量叫"萜烯"的化学物质，野兔吃了它们，发生集体中毒。

毒素自卫

有些植物含有化学物质或有毒物质，对抵抗动物侵害有很强的威力。丝兰和龙舌兰含有植物类固醇，可以使动物红细胞破裂；一些金合欢植物含有氰化物，能损坏细胞的呼吸作用；漆树中含有漆酚，可以使人中毒，被称为"咬人树"。但植物制造毒素、运用毒素的具体过程与机理到目前还是一个未解之谜。

知识小笔记

植物的大多数自卫方法其实是在漫长的岁月适应过程中形成的，它能有效地延续生命和种群数量。

↑ 龙舌兰

"自贬身价"

有些植物虽然不含毒素，但是在它们体内却含有某些特殊物质，使它们成为不受动物欢迎的植物。例如，毒芹和烟草都是气味不好的有毒植物，草食动物闻到它们刺鼻的气味后便会迅速离开。

生刺自卫

大多数植物通过外部的形态进行"自卫"。例如皂荚树，其树干和枝条上都有许多分叉的枝刺，就连皮厚肉粗的水牛都不敢碰它。

树木长刺是为了自卫

集体自卫

当柳树受到毛虫咬食时，会产生抵抗物质，而且 3 米之外没有受到咬食的柳树也会产生这种抵抗物质。如此绝妙的集体"自卫"真是令人惊叹不已！有些科学家认为，这种集体"自卫"说明植物之间可以进行化学通信。

柳树

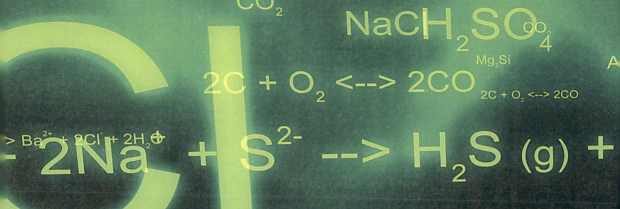

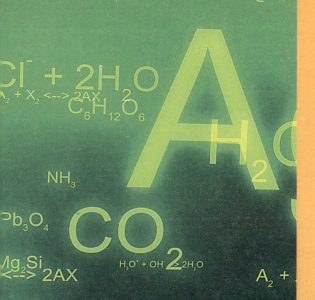

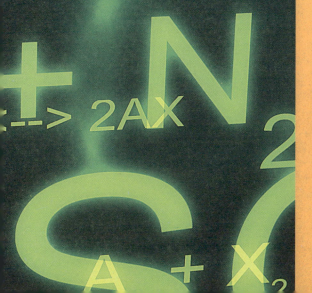

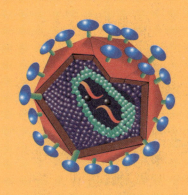

科技之光

在科技飞速发展的今天，人们对于任何问题或者现象的解释都会从科学入手。然而到今天为止，还是会有很多用科学无法解释清楚的现象。很多时候，解开这些科技谜团也许并不是最重要的，重要的是我们所必须坚持和推崇的探索精神！

神秘精确——皮尔·里斯地图之谜

皮尔·里斯地图绘制于16世纪，这张神秘而精确的世界地图一被发现就引起了人们的疑问：远古时代是否存在一个高度文明的社会？

精准的地图

18世纪初，人们在土耳其伊斯坦布尔的托普卡比王宫里发现了皮尔·里斯地图。这张地图不但准确地标示了大西洋两岸的海岸线，还描绘了多个大西洋岛屿。更加令人不可思议的是，地图不仅显示了这几大洲的轮廓，同时也显示了该地区的内部地貌，并精确地绘制出了它们的山脉、山峰、河流、高原和岛屿。

神奇的皮尔·里斯地图，它准确地描绘出了世界几大洲的轮廓，还清晰地标出了南极洲的位置

无法解释

人类于19世纪初才首次发现南极大陆，在这张地图上南极大陆却被清晰地标出了位置，而且整个大陆并没有被冰雪所覆盖。可是，令人疑惑的是，16世纪以前的人是用什么手段来获得南极大陆形状的呢？

等待揭开的谜题

在另一幅注明日期为 1559 年的古地图上，西伯利亚与阿拉斯加之间画着一条狭窄的通道，据地质学家证实，这是一条在 3 万年地质历史上确实存在的通道，现在早已消失。可绘制者怎么可能对 3 万年以前的地壳变动了如指掌呢？

知识小笔记

地图既是对地理知识形象而准确的记录，又是对测量、计算和绘制等技术的综合反映。

▲ 航拍地图

航拍地图

科学家把现代的地球卫星摄影图片与皮尔·里斯的地图原件相对照，结果表明这些原件是从极高的天空中拍摄成的！这个结论令人们极为震惊。

种种猜测

这些古代地图的真正制作者是谁呢？是具有高度科学技术的外星智慧生命，还是曾经掌握过飞行技术而后来毁灭了的某种史前文明？如果确实存在过这样一种不知名的文明，它来自何处，又是怎样消失得无影无踪的呢？这一切都有待于科学家的考证。

⤵ 土耳其的托普卡比王宫。著名的皮尔·里斯地图就是在这里被后人发现的

可怕的病魔——艾滋病之谜

艾滋病是一种可怕的传染病。目前，学者们虽然对艾滋病的研究在某些领域取得了一些进展，但在如何预防和控制乃至治愈艾滋病方面依然是还没有揭开的谜。

艾滋病

艾滋病，即获得性免疫缺陷综合征，英语全称为"Acquired Immune Deficiency Syndrome"，缩写"AIDS"。患者因免疫系统受到破坏，逐渐成为许多疾病的攻击目标，促成多种临床症状，统称为综合征。

▲红丝带

"世纪杀手"

自1981年被证实以来，艾滋病已夺去了超过2 500万人的性命，成为史上最具破坏力的流行病之一，截至2005年底，世界上已有约3 860万人受到艾滋病的侵扰。

▲艾滋病患者会出现发烧、咳嗽、头晕等症状，同时体重迅速下降，明显消瘦

病毒的来源

多数学者认为艾滋病是 20 世纪从撒哈拉以南的非洲地区蔓延开来的，其中比较流行的观点是，艾滋病病毒来源于该地的黑猩猩，但这并不是唯一的来源。

病毒传给人类之谜

有人认为是人吃了带艾滋病病毒的猩猩肉而感染的；也有人认为是厩蜇蝇将病毒从黑猩猩身上带给了人类，以致发生艾滋病。可令人费解的是，黑猩猩为什么只会携带病毒，而不会感染上艾滋病？

知 识 小 笔 记

每年的 12 月 1 日是世界艾滋病日。

漫漫长路

自从发现艾滋病以来，世界各国投入了大量的财力人力，先后研制了十几种疫苗和近百种药物来对抗艾滋病病毒，可是至今都没有一种行之有效的疫苗和药物能根治艾滋病。要根治艾滋病，还有很长的路要走，它需要动用全人类的智慧和力量。

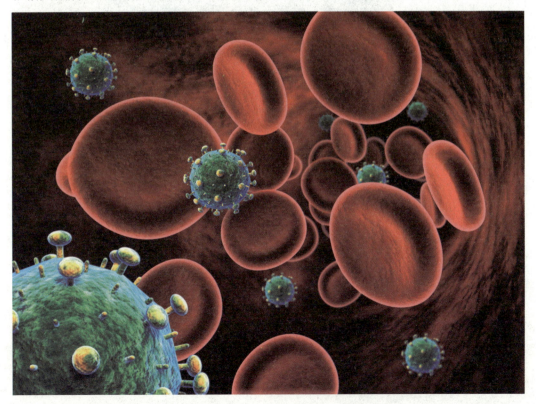

在扫描式电子显微镜下，我们可以看见 HIV-1 病毒正从培养出来的淋巴球中出芽，并准备进一步散布开来

无穷的宇宙——四维空间之谜

我们所在的空间是由长、宽、高构成的三维空间，四维空间在三维空间的基础上延伸出了一个看不见的时间轴。但一直到今天，科学家们还没有实际观测到第四维空间的存在。

"穿越时空"

1985 年，在新几内亚的一片森林沼泽中，一架失踪了半个多世纪的客机被人发现。令人无法理解的是，这架飞机看起来与它失踪时一样崭新。这架崭新的飞机正是 1937 年从菲律宾马尼拉飞往印尼群岛的一架客机。

▲ 根据爱因斯坦广义相对论，人类生存的三维空间加上时间轴即构成所谓的四维空间

知识小笔记

我们所提及的"四维空间"，大多数都是指爱因斯坦在他的《广义相对论》和《狭义相对论》中提及的"四维时空"概念。

奇异的四维空间

有些科学家坚信，再现的飞机很可能是与四维空间接触后，又回到了我们的三维空间。可是究竟为什么他们会进入四维空间？又是什么力量将他们推回三维空间？这仍旧是个未知的谜团。

生长的节律——古生物钟的形成

在 很多门类的化石表壁上,都有类似树木"年轮"的痕迹,这就是古生物钟。科学家们可以利用古生物钟来计算生物的年龄,研究地球自转速率的变化。

神奇的古生物钟

由于生物随环境的周期变化而有自身物质的周期变化,因而会在生物体及其遗骸里留下变化的痕迹。例如,现代珊瑚体上一年生长期内约有360圈生长细纹,每纹便代表一日。

▲ 前寒武纪

▲ 奥陶纪和志留纪

▲ 后寒武纪

▲ 泥盆纪

形成的原因

关于古生物钟的形成,科学家们提出了各种各样的假说。一些学者认为潮汐对于海洋生物的生理过程和生活习性有巨大的影响。还有一些人认为某些生物体从遗传上就带有一种像钟一样的而且能够周而复始的循环周期,不受外界的影响。

知识小笔记

保存有可用为计时标志的各种生长纹饰的化石称为古生物钟。

史前技术——0.65 亿年前的金属工具

0.65 亿年前，地球上还没有人类的存在，更别提人类使用的工具了。可是科学家们却发现了 0.65 亿年前的金属工具，难道地球上真的曾经出现过更为繁荣的史前文明吗？

史前工具

1968 年，两个考古学家在法国一个 0.65 亿年前的白垩纪地层中发现了一根金属管。这根金属管呈椭圆形，有着明显的人工打造的痕迹。

知识小笔记

地球的历史已有 46 亿年，但人类产生才 300 万年左右，人类文明史却只有 6 000 年左右。

↑ 考古学家在挖掘古物

南非金属球的发现

20 世纪 80 年代，南非的矿工们从当地的克莱克山坡附近的叶蜡石矿中挖掘出一些金属球。经过科学家的鉴定后发现，这些金属球是在 28 亿年前形成的。至于它们为什么会出现在没有人类出现的那个年代里，至今还没有人能解释清楚。

天然小岛——西沙"金字塔"

埃及金字塔人尽皆知，可我国西沙群岛中的"金字塔"，却不大为人所知。这是一座由珊瑚等生物砂岩组成的小岛，故也称为石岛，它就像一座"金字塔"耸立于西沙群岛之中。

神秘的小岛

西沙"金字塔"不仅外形像金字塔，还有如金字塔般的神秘。一般情况下，这种小岛的层状砂岩是底部年老、上部年轻。而石岛却截然相反，它的底部砂岩年轻，越往上却越老，到"金字塔"最高点时达到最老。

风化成岛

有学者推测，在石岛附近原来有一个生物砂岩组成的较大岛屿，它不断被风化、剥蚀，这个岛顶部较新的生物砂岩被剥蚀下来，堆积成石岛底部砂岩，而它较老的底部堆积成石岛顶部，于是石岛的年龄便出现了倒置现象。

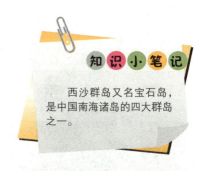

知识小笔记

西沙群岛又名宝石岛，是中国南海诸岛的四大群岛之一。

西沙群岛

神奇猜想——哥德巴赫猜想之谜

哥德巴赫猜想是德国数学家哥德巴赫提出的。这是一个很神奇的数学问题，虽然到今天为止它还没有被完全解开，但它的意思就连小学三年级的孩子都能够理解。

猜想的内容

质数是指在一个大于 1 的自然数中，除了 1 和此整数自身外，不能被其他自然数整除的数。任一大于 2 的整数都可写成三个质数之和，这就是著名的哥德巴赫猜想的内容。

知识小笔记

我国数学家陈景润曾为哥德巴赫猜想的证明做出了卓越的贡献。

◆ 哥德巴赫是德国数学家，曾在英国牛津大学学习原学法学，在欧洲各国访问期间对数学研究产生了兴趣。1725 年，他前往俄国，同年被选为彼得堡科学院院士；1725—1740 年担任彼得堡科学院会议秘书；1742 年，移居莫斯科，并在俄国外交部任职

难以证明的猜想

为了证明这个猜想，就要检验每个自然数都成立。由于自然数有无限多个，所以一一验证是办不到的。因此，一位著名数学家曾说过，哥德巴赫猜想的困难程度可以和任何没有解决的数学问题相匹敌。

奇妙的数列——斐波那契数列之谜

斐波那契数列的发现者是意大利数学家列昂纳多·斐波那契。这个看上去很简单的数列，却总是出现在人们的眼前。蜻蜓翅膀、蜂巢、菠萝表面的突起等都是按照这个数列排列的。

数列的内容

斐波那契数列指的是这样一个数列：1、1、2、3、5、8、13、21、34……这个数列从第三项开始，每一项都等于前两项之和。奇怪的是，这个神奇的数列似乎和自然界有什么奇妙的联系，某些树叶的排列和花瓣的数目竟然和这个数列惊人地契合。

▶斐波那契曾在比萨著书立说，书中不仅用印度数码和方法进行计算，并且阐述了许多代数和几何问题。他的最重要成果表现在不定分析和数论方面，并远远超过了前人

难以证明的猜想

不止在自然界，在现代物理、准晶体结构、化学等领域，斐波纳契数列都有直接的应用。这个奇妙的数列和万物到底有什么奇妙的联系呢？现在还没有人能够说清楚，但有关学者还在不断地研究和探索着。

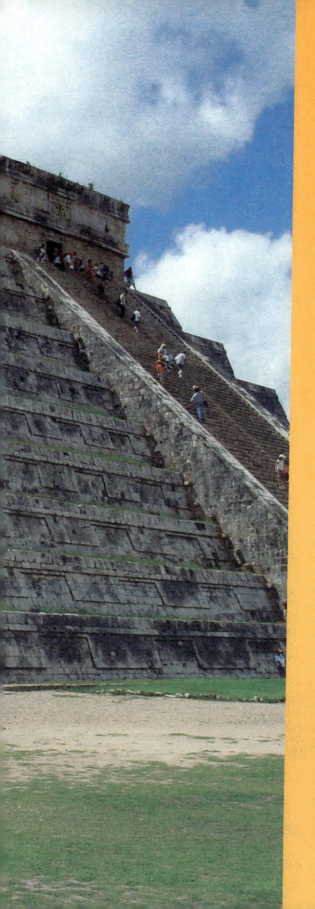

考古探秘

　　这里，见证着一个古老民族的辉煌历史；这里，埋藏着数百年鲜为人知的神奇传说。为搜寻那些逝去的文明，触摸沉睡的历史，无数的科学家们和探险家一次又一次地造访深山，深入险境，自此沉睡千年的宁静被打破，一个个旷古之谜随即立体呈现……

世界奇迹——埃及金字塔之谜

埃及金字塔是古埃及文明的象征，它建造于沙漠之中，结构精巧，外形宏伟。埃及金字塔大小不等，其中最高大的是胡夫金字塔。

金字塔

金字塔在阿拉伯语中的意思为"方锥体"，它是一种方底、尖顶的石砌建筑物，是古代埃及埋葬国王和王后的陵墓。由于它规模宏大，从四面观看都呈等腰三角形，颇似汉字中的"金"字，所以被人们形象地称为"金字塔"。

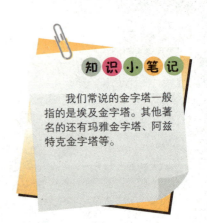

知识小笔记

我们常说的金字塔一般指的是埃及金字塔。其他著名的还有玛雅金字塔、阿兹特克金字塔等。

运输之谜

胡夫金字塔是用上百万块巨石垒起来的，每块石头平均有 2 000 多千克重，最大的有 100 多吨重。在没有先进工具的情况下，工匠们是如何搬运那些笨重的巨型石块的，实在让人困惑不解。

↑ 胡夫金字塔

建筑之谜

胡夫金字塔以高超的建筑技巧闻名世界。塔身的石块之间没有任何水泥之类的黏着物，但人们甚至很难用刀刃插入石块之间的缝隙。

法老的诅咒之谜

1922 年，人们在法老图坦卡蒙陵墓的墙壁上发现"任何盗墓者都将遭到法老的诅咒！"的警示，其后的 3 年多时间里，先后有 22 名与发掘有关的人神秘去世，从此，法老的诅咒不胫而走。

"金字塔能"

据说金字塔形的构造物内部会产生一种无形的、特殊的能量，故称之为"金字塔能"。把肉食、蔬菜、水果、牛奶等放在金字塔模型内，可保持长期新鲜；把种子放在里面，甚至可加快出芽……不过，这其中的真伪，目前尚无定论。

↑ 埃及女法老纳芙提提头像

排列整齐——卡纳克石阵之谜

在 法国卡纳克城的郊外，有一片整齐排列的石阵，这就是卡纳克石阵。卡纳克石阵穿行于庄稼、树林和农舍之中，石头的排列井然有序，但这些神秘的巨石到底是谁立的呢？

宏伟的石阵

据说，卡纳克石阵曾有 10 000 根石柱，如今仅存 2 471 根。石阵分布范围十分广泛，约有 8 千米长，主要由 3 组巨石组成：勒梅尼克巨石、克马里奥巨石和克勒斯冈巨石。这些林立的石阵摆放在一起十分壮观，远远望去，好似一个个正在接受检阅的士兵。

知 识 小 笔 记

一些从事 UFO 研究的学者则认为卡纳克石阵是外星人访问地球的飞船基地。

建造之谜

经考证，石阵大约是在公元前 4 300—前 1 500 年，分期竖立的。这个时期的欧洲人还没有发明轮子，但石块中最大的重约 350 吨，高 20 米，如此沉重的花岗岩是如何被竖立在指定位置的？难道是借助一种神秘的力量吗？

最流行的一种观点认为：卡纳克是一个宗教中心，那些石块本是古布列塔尼人崇拜的偶像，后来罗马人征服了古布列塔尼人，并在上面刻上自己所信奉的神的名字，再后来基督徒又在上面刻上十字架等基督教标志，于是石阵就成了今天的样子

古老的传说

在当地曾有这么一个传说，公元前 58—前 53 年，恺撒发动了高卢战争。被罗马人打败的卡纳克守护神逃到城北的山坡上，眼看就要被追上，情急之下，就用魔法将追赶他的罗马士兵变成了一队队排列整齐的石阵。

更多猜测

长期以来，对卡纳克石阵的各种推测众说纷纭，莫衷一是。有人认为这些石块是提高妇女生育能力的神石，有人认为是代表他们祖先灵魂的灵石，还有人认为石阵只是一片墓碑群。

史前遗迹——巨石阵之谜

巨石阵位于英格兰威尔特郡索尔兹伯里平原。长期以来，巨石阵犹如强劲的磁铁，一直吸引着人们的目光。许多人认为这是远古祖先有意留给后人的一个巨大谜题。

神秘的巨石阵

巨石阵的主体由几十块巨大的石柱组成，这些石柱排成几个完整的同心圆，巨石阵的外围是直径约 90 米的环形土沟与土岗，内侧紧挨着 56 个圆形坑。这些巨石高 7~8 米，平均重 28 吨左右，有些石柱之间还横架着大石板。

知识小笔记

巨石阵又称索尔兹伯里石环、环状列石、太阳神庙、史前石桌等，是欧洲著名的史前时代文化神庙遗址。

人为建造的奇迹

科学家认为，这样一个规则的圆环形石阵并非大自然的产物，而是人为建造的。并且它的建造是从公元前 3000—前 1500 年分 3 个阶段进行的，整个工程前后进行了数百年，才形成同现在类似的格局。

不可思议之处

现在看来，巨石阵的建筑规模和工程难度对于早期人类来说，简直是不可思议的。它的建成比埃及最古老的金字塔还要早几百年，然而究竟是谁建造了这雄伟的巨石阵，现在仍然众说纷纭。

➤ 巨石阵的主体由几十块巨大的石柱组成，这些石柱排成几个完整的同心圆

谁是建造者

有人认为，信奉多神灵的古代克尔特人是巨石阵的建筑师；也有人认为这是克尔特人建造的墓穴；还有人认为是古罗马人为天神西拉建造的圣殿……然而这些想象都没有确凿的证据。

➤ 最流行的观点认为，巨石阵可能是天文台最早的雏形。因为它的主轴线、通往石柱的古道和夏至日早晨初升的太阳，在同一条线上；另外，其中还有两块石头的连线指向冬至日落的方向。所以人们据此猜测，巨石阵可能是远古人类为观测天象而建造的

南海迷宫——米诺斯王宫之谜

米诺斯王宫是存在于希腊神话中的一个宫殿。据说这座宫殿结构复杂，有上千扇门和成百个房间。人一旦进入其中，往往会陷入迷途，因此，它也有"南海迷宫"之称。

发现迷宫遗址

英国考古学家亚瑟·伊文思经过三年的艰苦发掘，终于发现了米诺斯王宫的遗址和大量文物，找到了这座传说中的迷宫，并因此发现了公元前15世纪的灿烂文明——"米诺斯文明"。

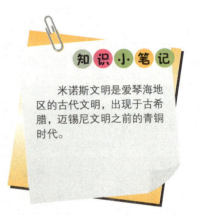

知识小笔记

米诺斯文明是爱琴海地区的古代文明，出现于古希腊，迈锡尼文明之前的青铜时代。

▲ "南海迷宫"遗址

种种猜测

米诺斯王宫为何能保存得如此完整？当时正是米诺斯霸国如日中天之际，他们为什么会抛弃自己的宫殿？人们提出了多种说法，但不管是哪种原因，这个海上霸国已消失在海涛和风声中了。

人世间的奇迹——巴别通天塔之谜

巴比伦是一座令人神往的古城。《圣经》说，人类的祖先最初讲的是同一种语言，他们在古巴比伦附近定居下来，并决定修建一座可以通到天上去的高塔，这就是巴别塔。

巴别塔之谜

几千年来人们一直都没有发现巴别塔的遗迹，后来考古学家才在古巴比伦遗址上发现了巴别塔的塔基。如今，人们已基本复原了巴别塔的外观，然而其整体的设计和结构仍是一个未解的谜。人们为什么要建造巴别通天塔？它的作用又是什么？

图为布鲁格尔画笔下的巴别塔

宗教建筑

有人认为，巴别塔是天上诸神前往凡间住所途中的落脚处，是天路的"驿站"或"旅店"。现在人普遍认为，巴别塔是一座宗教建筑。古巴比伦人为求得神祇马尔杜克的庇护，便修建了巴别通天塔。

神奇的遗址——玛雅文明之谜

玛雅文明是拉丁美洲古代印第安人文明的杰出代表。广受世人关注的玛雅文明，堪称世界文明史上的奇葩，它奇迹般的崛起、发展和消失都充满了神秘色彩。

气度非凡的金字塔

与埃及的金字塔不同的是，玛雅金字塔不完全是帝王的陵墓，而往往是一种祭坛。但是，无论是从建筑规模还是从建筑技巧上讲，玛雅金字塔都可以与埃及金字塔相媲美。

▶陶质玛雅人头像

知识小笔记

据考古发现，玛雅文明诞生于公元前 1000 年，分为前古典期、古典期和后古典期三个时期，直到公元 9 世纪突然消失。

精确的天文历法

玛雅人把一年分为 18 个月，他们测算的地球年为 365.2420 天，现代人测算为 365.2422 天，误差仅 0.0002 天，就是说 5 000 年的误差才仅仅一天。

▶玛雅人测算的金星年是 584 天，和现代的测量相比，50 年内的误差只有 7 秒

严密的数学体系

玛雅人的数学体系中最先进的是对"0"这个符号的使用,它的发明与使用比亚非古文明中最早使用"0"的印度还要早一些,比欧洲人大约早了800年。用这个计算系统来纪年,玛雅人可以准确无误地记下几千万年中的每一个日子。

玛雅文明遗址中的天文台

解不开的疑惑

很明显,这一切知识已经超过了农耕社会的玛雅人的实际需求。古代玛雅人是怎么得到了那高深的知识?玛雅文明究竟是怎样产生,又怎样销声匿迹的?

无法解释的灭亡之谜

对于玛雅文明的灭亡,史学界有着各种解释与猜测,譬如外族侵犯、气候骤变、地震破坏、瘟疫流行等,这些都可能造成大规模的集体迁移,然而,这些说法都是缺少说服力的。时至今日,有关玛雅文明的出现及其发展到衰亡和消失无不充满了神秘色彩。

埋没已久——迈锡尼文明之谜

公元前 2000 年左右，希腊人开始在巴尔干半岛南端定居。从公元前 16 世纪上半叶起，这里逐渐形成了一些奴隶占有制国家，出现了迈锡尼文明。

迈锡尼文明

迈锡尼文明是希腊青铜时代晚期的文明，它因伯罗奔尼撒半岛的迈锡尼城而得名。公元前 2000 年，位于希腊半岛的迈锡尼城出现青铜器文化，迈锡尼文明大约从公元前 1600 年开始。

"黄金之城"

从遗留下来的坚固城堡和丰富的金银宝藏中，人们可以窥见迈锡尼文明的强盛。公元前 1500 年左右，迈锡尼已经形成了奴隶制国家。金属冶炼及手工业品制造已经达到并且超过克里特的技术水平。

迈锡尼"阿伽门农墓"的入口

消失于世

从公元前 1200 年开始，迈锡尼文明的众多城邦被毁灭，最终导致线形文字失传，同时许多技术也在此期间失传。

↑迈锡尼遗址出土的阿伽门农黄金面具

灭亡之谜

关于迈锡尼文明的毁灭，有人认为是由多利安人的入侵导致的。可落后的多利安人又是如何组织起强大的攻击能力的呢？另一种可能是，它被更先进的文明所毁灭。因此，迈锡尼文明的覆灭至今还是一个谜。

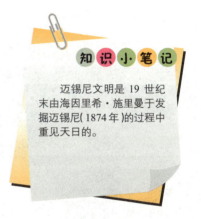

知 识 小 笔 记

迈锡尼文明是 19 世纪末由海因里希·施里曼于发掘迈锡尼(1874 年)的过程中重见天日的。

疑惑之处

在荷马的笔下，迈锡尼似乎是一座黄金遍地的城市。迈锡尼本身并不出产黄金，那么多的黄金都是从哪里来的呢？迈锡尼高踞高山之上，可为何在历史上却多次被攻破呢？还有，迈锡尼文明已经创造了自己的文字，但他们为什么不在墓碑上刻下死者的名字和业绩呢？

文明的火花——奥尔梅克文明之谜

奥尔梅克文明是中美洲古印第安文明萌芽阶段的文明，有"印第安文明之母"之称。高度发达的奥尔梅克文明对中美洲宗教、艺术、政治结构和等级社会都存在着重大影响。

中美洲文明始祖

奥尔梅克文明被普遍认为是中美洲文明的始祖，因为它为日后的社会提供了许多宝贵的文明财富：有恢宏宫殿的残骸，有奇特的陶器，有人形美洲虎图案……但最卓著的当属奥尔梅克特有的雕像。

知识小笔记

奥尔梅克人主要崇拜半人半美洲虎的神，也崇拜羽蛇神和谷神。

大多数人认为，这些雕像的原型应当是奥尔梅克的国王

奥尔梅克人头像

这些雕像以巨大的头部石雕工艺见长，都是用重几十吨的独块玄武岩巨石雕凿成的。它们有着共同的特征：亚非人种的嘴唇，扁平的鼻子，眼神呆板，充满诡秘气息。

突然崛起的文明

几乎没有经历任何渐进的过程，生活在这里的人们突然之间就形成了一种全新的、巨大的社会组织，以金字塔祭坛为中心，以强有力的宗教信仰为主线，出现了一些超过几千人的居民聚落，使奥尔梅克文明突然崛起于墨西哥东部的这片海滩。

殷人东渡说

人们对奥尔梅克文明的突然崛起产生了种种说法。其中最有意思的是与中华文明有着神秘联系的"殷人东渡说"。殷商末年，亡国后的部分殷人不愿意做周的臣民，于是夺海东渡。然而，一些人在风暴和洋流的影响下，漂流到了墨西哥，开创了中美洲最早的文明。

◀ 奥尔梅克文明时期陶塑

神秘的消亡

这么强盛和发达的民族，到公元前 900 年不知是什么原因突然消失了，仿佛一下子从人间蒸发了。令人奇怪的是，他们的遗迹中也没有任何受到外敌入侵的痕迹。

黑夜中的明灯——亚历山大灯塔

亚历山大灯塔约建于公元前270年，它日夜不熄地燃烧了近千年，这是人类历史上从未有过的。灯塔最后消失在历史的长河中，为世人留下了一个难解的谜团。

灯塔的修建

为了保证夜间行船的安全，埃及国王托勒密二世委派索斯特拉塔斯在最大港口的入口处，修建导航灯塔。经过40年的努力，一座雄伟壮观的灯塔在法罗斯岛的东端落成，人们将它称为"亚历山大法罗斯灯塔"。

知识小笔记

公元前3世纪，腓尼基旅行家昂蒂帕克列出了古代七大奇迹清单，它们是埃及吉萨金字塔、奥林匹亚宙斯巨像、阿泰密斯神庙、摩索拉斯基陵墓、亚历山大灯塔、巴比伦空中花园、罗德岛太阳神巨像。

宏伟的灯塔

亚历山大灯塔建成后，它的高度当之无愧地使它成为当时世界上最高的建筑物。千百年来，亚历山大灯塔一直在黑夜中为水手们指引进港的路线。

▶据文献记载，灯塔由4层构成：底层为正方形，高60米，有300余个房间和洞孔，供人们住宿、存放器物；第二层为八面体，高30米；第三层即灯体所在；第四层为海神波塞东的巨大塑像。整个灯塔高约150米，全塔由石灰石、花岗石、白大理石和青铜铸成，气势雄伟

毁灭之谜

据史料考证，这座灯塔的确存在过，可它到底是怎么被毁灭的呢？尽管大多数人认为它毁于大地震，可也有人说是人为的拆毁……所有的这一切已无从考证，只留下无法破解的谜。

▶亚历山大城的法罗斯灯塔于公元前270年左右建在一座人工岛上

神秘的消失

这座伟大的建筑如今已荡然无存，很长时间以来，人们竟然找不到关于灯塔的某些实质性东西，以至于人们开始怀疑：2000多年前的亚历山大人真能建造如此雄伟的巨塔吗？甚至有人认为，历史典籍中所描绘的也许只是个美丽的传说罢了。

火山下的城市——庞贝城灭亡之谜

庞 贝曾经是古罗马一座繁华而喧嚣的城市，在1 900多年前因维苏威火山的爆发而被深深掩埋。这座被人们遗忘千年的古城，在近200年来的考古发掘中逐渐重见天日。

封存的时间

直到今天，庞贝仍是世界上唯一的构造完全与当时建筑相符的城市，它一点变化也没有。火山灰密封了整座城市，保存了神殿、商店、街道和房舍。最令人心痛的是那些石膏模：罹难者的尸身已朽，只留下被火山灰包覆的身形。

俄罗斯著名画家布留洛夫于1827年随建筑考古队赴庞贝遗址考察。当他站在废墟上，脑海中不时浮现出庞贝城被毁灭的画面，于是根据自己的想象绘制出了这幅名画《庞贝的末日》

原本富丽堂皇的建筑，如今只剩下残垣断壁

曾经的繁华

庞贝城是一个面积只有1.8平方千米的小城，四周有坚固的石砌城墙围绕，有8座高大的城门。城内最宏伟的建筑物，都集中在西南部一个长方形广场的四周。

被唤醒的古城

　　一位意大利农民修筑水渠时从地下挖出一些古罗马钱币和大理石块，引起了人们对这一地区的关注。从 1748 年开始，考古工作者对这一地区进行了有计划的挖掘，经过大约 200 年的时间，终于使这座沉睡了 1900 年的罗马古城——庞贝，露出了"庐山真面目"。

厄运降临

　　维苏威火山的突然爆发和山洪形成的巨大泥石流，很快就将庞贝小城淹没了。面对如此浩劫，庞贝城里的居民几乎无一幸免。但是庞贝城距离火山还有一定的距离，城里的人们为什么没有逃走呢？他们是怎么死的？这一切我们都不得而知。

知识小笔记

　　庞贝为我们今天提供了一个宝贵的历史瞬间。通过对庞贝的挖掘，人们了解到了许多 1 世纪罗马人的生活情况。

来历诡秘——复活节岛之谜

复活节岛是南太平洋中的一个岛屿，以数百尊神秘的巨型石像闻名于世。这个孤零零的小岛，现在已引起世界许多人的兴趣和关注，复活节岛也因此被称为"神秘之岛"。

神秘的石像

岛上约有 600 座大石雕像，人们称之为摩艾石像。这些石像有 10 米高，最高的达 20 多米，都是用整块的暗红色火成岩雕凿，重量可能有十多吨。石像一律半身，没有腿，外形大同小异，全部面向大海，表情冷漠。

▶在这四面都是汪洋大海的小孤岛上遍布的雕像给人们无限的想象，这些石像是什么人雕刻的呢？它们象征着什么呢？

众多疑问

这些世界罕见的巨大石雕究竟代表着什么呢？究竟是谁，又是怎样雕刻了这些石像？他们为什么要雕刻这些石像？石像又是怎样运到海边、放置到巨大的石头平台上去的？这些问题令人百思不得其解。

复活节岛上的戴帽雕像

会说话的木板

人们在石像附近曾经发现过刻满奇异图案的木板，又称"会说话的木板"。木板两边用鲨鱼牙或坚硬的石头刻的方形图案，类似鱼、鸟、草木和船桨等。可是，这些图案究竟是不是文字呢？它又在告诉我们什么呢？谜底至今还没有揭开。

石雕像之谜

如今，科学家普遍认为这些石像就是现代波利尼西亚人祖先的作品。波利尼西亚人于公元1世纪上岛，雕刻工程始于7世纪，12世纪进入施工鼎盛时期，历经500余年。巨大的石像则代表着已故的部落酋长或宗教领袖。

知识小笔记

1995年，复活节岛被联合国教科文组织列入世界遗产。

最大的佛教石窟群——巴米扬石窟之谜

巴米扬石窟是位于阿富汗兴都库斯山中的佛教遗迹，是公元3—7世纪开凿的佛教石窟，也是现存最大的佛教石窟群。这个巨大的石窟，也隐藏着许多秘密。

千古之谜

巴米扬石窟群曾是古代丝绸之路上连接中亚、西亚和印度的重要枢纽，是古代东西方文化交流的十字路口。令人们迷惑的是：这项如此浩大的工程是如何完成的？至今没有人能够说得清楚。

知识小笔记

巴米扬山谷的佛像和岩洞艺术是公元1—6世纪古代巴克特里亚文化宗教发展的杰出代表。

▲ 巴米扬石窟是现存最西部的文化遗迹，佛教美术在这里兴盛了几个世纪之久，融合了不少西方元素

辉煌的石窟

巴米扬石窟开凿在东西长约1 300米的断崖壁面上，大小洞窟总数为750个左右，组成了以东西两尊大佛为主体的布局，极盛时期整个石窟的规模比敦煌大上十倍之多。在公元4世纪和7世纪，中国晋代高僧法显和唐代高僧玄奘都曾到过这里。

黑人的巨石群——大津巴布韦之谜

大津巴布韦遗址是撒哈拉以南非洲大陆最重要的遗迹，它代表的古代非洲文明被称为"津巴布韦文化"。大津巴布韦文明繁荣了很长时间，那里的人们建造了许多在当时先进的建筑。

遗址的发现

1871年，德国地质学家莫赫无意间发现了这座废城遗迹。这些残留的墙和塔设计巧妙，令人惊叹，莫赫认为它不可能是当地的非洲人所建。然而后来事实证明，这座遗迹的确是非洲黑人建造的。

大津巴布韦遗址

埋藏的秘密

大津巴布韦这个繁荣昌盛的贸易和宗教中心，在什么时候，又是什么缘故被弃置了呢?我们不得而知。不管怎样，大津巴布韦遗址仍然埋藏着许多秘密，等待着人们去探索和发现。

知识小笔记

大津巴布韦的石头雕刻精妙绝伦，其中被称为"津巴布韦大鸟"的石像，在今天津巴布韦的国旗和钱币上随处可见。

神秘的古城——吴哥窟之谜

吴 哥窟位于柬埔寨西北方，它是吴哥古迹中保存得最完好的庙宇，以建筑宏伟与浮雕细致闻名于世，也是世界上最大的庙宇。

🐎 吴哥窟

　　吴哥窟又称吴哥寺，是柬埔寨历史最悠久、规模最宏大的古寺。据历史记载，建造吴哥窟的是神勇善战的高棉国王苏利亚瓦尔曼二世。他动用了全国最好的工匠、彩绘师、建筑师及雕刻家，历经 37 年的漫长岁月，使吴哥窟终于完工。

🦌 神话的城堡

　　吴哥窟所有的墙壁都刻有精美的浮雕，每个平台的周围都有面向四方的长廊，连接着神殿、角塔和阶梯，连堤路的两边也都竖立着巨大威严的那伽蛇神像。

　　吴哥窟原始的意思为"毗湿奴的神殿"，中国古籍称之为"桑香佛舍"

吴哥窟的浮雕被认为是世界艺术宝库中的精品，其主要内容是有关印度教大神毗湿奴的传说

消失于世

吴哥文明的建筑之精美令人赞叹不已，令人不解的是，到15世纪这里却突然人去城空。此后的几个世纪里，吴哥地区又变成了树木和杂草丛生的林莽与荒原。在穆奥发现这座遗迹之前，连柬埔寨当地的居民对此都一无所知。

无尽的神秘

据考察，过去曾有200万以上的人口在这儿居住，这个民族和这些人们到底到哪儿去了呢？有人认为是外族入侵，有人认为是瘟疫流行，有人认为是发生了内讧……吴哥窟给世人留下的只是无尽的神秘。

知识小笔记

1992年，联合国将吴哥古迹列入世界文化遗产，此后吴哥窟成为柬埔寨旅游胜地。

难解之谜

当时的人们修建这座都城寺院究竟是出于何种目的？这么精美的建筑，为何被隐没在莽莽林海之中？它又是怎样衰落的呢？这一切都是难解的谜。

名人艺术

　　好奇心是人类的天性。古希腊为何流行裸体雕塑？达·芬奇为什么会有非凡的创造力？《蒙娜丽莎》为什么会有神秘的微笑……人类正是在不断探索的过程中，发现自己与世界的联系。我们也相信，在不远的将来，这些困扰着我们的谜团终将被逐个解开。

山洞里的景象——史前壁画之谜

画 在洞窟里的史前壁画是迄今为止人类发现最早的绘画作品，大约出现在旧石器晚期。这些栩栩如生的壁画，到底有着什么样的含义？

西班牙史前壁画

1879 年，业余考古学家萨托奥拉在位于西班牙北部的一个山洞里发现一些用褐色、黄色、黑色和红色涂料勾画的野牛图案。每头野牛神态各异，栩栩如生，有的正以爪子抓挠地面，有的躺卧，有的怒吼，有的被长矛刺中在野牛的周围，还画着其他动物。

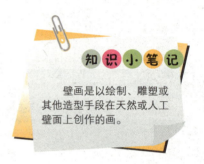

知识小笔记

壁画是以绘制、雕塑或其他造型手段在天然或人工壁面上创作的画。

精湛的技艺

即使在今天看来，画家们精湛的绘画功底仍具有较高的艺术造诣。由于萨托奥拉发现的这些画是在幽深、宽敞的漆黑洞穴里发现的，有的在洞顶，有的在四壁，酷似教堂壁画，因而被后人称为"史前艺术的西斯廷教堂"。

↑100多年来，西班牙北部的阿尔塔米拉洞穴以其古怪的壁画而闻名于世。然而，从洞穴发现之时起，就一直有人怀疑壁画的真伪，直到现在，人们还在尝试用各种手段来探索其中的奥秘

纳米比亚古岩画

1918年，德国人马克在纳米比亚发现了一些颇具现代气息的壁画。画中人物完全像一位20世纪的贵妇，她身穿短袖套衫和紧绷臀部的马裤，戴着手套，烫着时髦的现代发型。人们不禁奇怪，还处于蛮荒时代的人们怎么会有这么丰富的想象力？

"航天服"岩画

在澳大利亚阿纳姆高地有一些奇怪的壁画，画上的人穿着类似今天宇航员的装扮，头上戴着有观察小孔的头盔，上面还有一根像天线的东西，衣服上还有明显的拉链——简直就是今天宇航员的形象。

↑史前壁画的复制品

绚丽多姿——沙漠岩画之谜

撒哈拉沙漠是世界上最大的沙漠，气候条件极其恶劣，是地球上最不适合生物生长的地方之一。可是在这里，人们却发现了绚丽多姿的远古大型岩画。

逼真的动物岩画

岩画生动地描述了动物受惊后四蹄腾空、到处狂奔的紧张沙漠场面，形象栩栩如生。画面上的大象、犀牛、长颈鹿、驼鸟等现在只能在沙漠向南 1500 多千米的草原上才能找到的动物，另外还有一些已经绝迹的飞禽走兽。

史前风俗画

在壁画人像中，有些人身缠腰布，头戴小帽；有些人不带武器，而像在敲击乐器；有些人似乎在献贡品，像是欢迎"天神"降临；还有些人则是翩翩起舞……从画面上看，舞蹈、狩猎、祭祀和宗教信仰应该是当时人们生活和风俗习惯的主要内容。

真实面貌

人们推断：古代的撒哈拉并非黄沙一片，而是肥沃的绿色草原。从这些岩石壁画上可以推想出古代撒哈拉地区的自然面貌。可以肯定，当时一定有许多部落或民族生活在这块美丽的沃土上，并创造了高度发达的文明。

↑岩画生动地表现了人类当时的生活情景：人们吹着号角、赶着牛群的劳作场面

漫长的变迁

曾经水土丰美的撒哈拉何以变成今天这幅景象呢？有学者认为，这与非洲远古气候的变化有关。从最古老的水牛到鸵鸟、大象、羚羊、长颈鹿等草原动物，说明撒哈拉地区气候变得越来越干旱。而这也恰好解释了在今天极端干燥的撒哈拉沙漠中，为什么会出现如此丰富多彩的古代艺术品。

更多未解之谜

在当时，会是什么人绘制了这些岩画呢？他们的后裔又去了何方？这一文明的开端从新、旧石器时代的交替时期开始，而它的最初源头、其后的发展脉络也并不清晰。这所有的一切还有待我们继续探索。

知识小笔记

撒哈拉沙漠是世界上除南极洲之外最大的荒漠，位于非洲北部，气候条件极其恶劣。

力与美的结合——希腊裸体雕塑之谜

在西方美术传统中，古希腊雕塑占有十分重要的地位。但奇怪的是，这一时期所有雕塑作品中的人物，几乎都是裸体的，人们一直对这些裸体雕塑充满了兴趣。

"裸体风俗"的影响

有的研究者认为，古希腊的裸体艺术源于原始社会的裸体风俗。由于原始人把性看作大自然的赐物、生命与欢乐的源泉。到了古希腊罗马时代，裸体艺术则达到了一个高潮。

"尚武"之风

大多数人认为，古希腊人雕塑采取裸体的形式，和当时战争的频繁和体育的盛行紧密相关。大约在3 000年前，爱琴海一带出现了无数城邦，由于各个城邦都想占领其他城邦，因此当时的公民只有两个职责——公共事务和战争，青年人把大部分时间都用在了练身场上。

🖕拉奥孔是当时阿波罗在特洛伊城的一个祭师，他曾警告特洛伊人不要将木马引入城中。由于他泄露了秘密，雅典娜派出两条巨蛇，拉奥孔以及两个儿子被雅典娜派出的毒蛇咬死

竞技体育发达

战争促进了体育的盛行，古希腊时代成为一个体育大出风头的时代。当时，古希腊各个城邦每逢节日，都要举行体育竞赛。在运动会上，人们并不以裸体为耻，青年男女为了显示自己健美的体魄，常常会把衣服脱光。

◂《弓箭手》，雕塑的是引弓射箭的战士

审美观念的改变

特有的风气使希腊人产生了特殊的观念，在他们眼中，理想的人物不是有善于思索或者感觉敏锐的头脑，而是血统好、发育好、比例匀称、身手矫健、擅长各种运动的身体。因此，裸体雕塑自然地成了当时的艺术主流。

知识小笔记

希腊著名雕塑家米隆的《掷铁饼者》、留西鲍西斯的《刮油污的竞技者》等作品是古希腊裸体雕塑的代表。

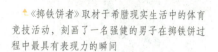

▴《掷铁饼者》取材于希腊现实生活中的体育竞技活动，刻画了一名强健的男子在掷铁饼过程中最具有表现力的瞬间

社会风俗影响艺术

裸体风气大行其道，而这也大大影响了古希腊人的审美观念。而那些运动场上的优胜者和美丽的肌体都可成为雕刻家最理想的模特儿。

最美的雕塑——维纳斯之谜

希腊时期表现女性人体美的雕塑日渐增多，对爱与美之神维纳斯的歌颂更是层出不穷，其中最为著名的就是米洛斯的维纳斯，它已经成为赞颂女性人体美的代名词。

雕塑的发现

1820年4月，希腊一个农夫在爱琴海的米洛斯岛上发现了一座美丽绝伦的半裸女大理石雕像。法国公使利比耶尔侯爵以2.5万法郎的高价从农夫手中买下了这座雕像，并偷偷地把它装上法国军舰，运到了法国。

知识小笔记

《米洛斯的维纳斯》雕像高2.04米，用大理石雕刻。雕像现藏于法国著名的罗浮宫美术馆，成为罗浮宫的"镇馆之宝"。

名称的由来

考古学家们纷纷研究、争论，一致认定这座雕像雕刻的就是爱与美的女神阿芙洛狄忒。因为雕像在发现时折断了两个手臂，阿芙洛狄忒的罗马名字叫作维纳斯，于是人们称它为"断臂维纳斯"。

完美的雕塑

女神具有希腊妇女的典型特征，她既有女性的丰腴妩媚和温柔，又有人类母亲的纯洁、庄严和慈爱，给人庄重典雅的感觉，但同时又使人倍感亲切，完美地体现了充实的内在生命力和人的精神智慧。

↑ 维纳斯是古希腊神话中最完美的女神，她是爱情与美丽的象征，被认为是女性体格美的最高象征

→断臂女神维纳斯

"断臂"之谜

面对这个唯美至极的女神，人们不禁要问：她的手臂哪儿去了？断臂之前的姿态又是怎样的呢？人们曾经在发现雕像的同一座洞穴里找到过一些手和臂膀的残碎石片。但这些究竟是不是这座雕像的手臂残片呢？

寓言大师——伊索之谜

《伊索寓言》是古希腊民间流传的讽喻故事，自古至今，这部作品一直存在着很大的谜团。历史上究竟有没有伊索其人？如果确有其人，那么，究竟有多少篇是他亲自创作的呢？

◄ 伊索给他的朋友讲故事

🦌 关于作者

据说伊索是大约出生在公元前 6 世纪的古希腊人，是当时众多奴隶和平民出身的寓言作家中最出色的一位。有人推测，《伊索寓言》是古希腊人的集体创作，伊索只是其中一个重要的作者。也有人认为现存的《伊索寓言》是原作与仿作的混合体。

🦌 埃塞俄比亚人

近年来，有些学者得出了一个令人吃惊的结论，他们认为伊索就是非洲埃塞俄比亚的寓言家阿克曼，希腊人把埃塞俄比亚的寓言翻译成希腊文，并以伊索署名。这个说法虽然比较新奇，但是没有得到广泛的支持，只能算是一种推测。

流浪的盲诗人——荷马之谜

《**荷**马史诗》是一部伟大的作品，具有重要的艺术价值。相传《荷马史诗》是古希腊盲诗人荷马根据民间流传的短歌综合编写而成的。

生平之谜

迄今为止，流传到现在的荷马的传记共有 9 部，但这些传记大都不可信。大部分人认为荷马生活的年代在公元前 9 —前 8 世纪，在爱奥尼亚土语里，"荷马"就是"盲人"的意思。

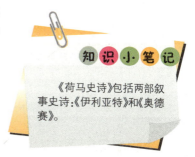

知识小笔记

《荷马史诗》包括两部叙事史诗：《伊利亚特》和《奥德赛》。

▲法国画家布格罗以写实主义手法，真实地描绘了荷马在小向导的引导下，在希腊乡间搜集整理民间传说的场景

籍贯之谜

关于荷马的出生地，说法各不相同。由于《荷马史诗》在古代的巨大影响，一个城邦被看作荷马的故乡似乎成了一种荣誉，因此古希腊许多城邦争着要荷马当它们的公民。但荷马到底是哪里人，至今还是个谜。

扑朔迷离的死刑——苏格拉底死因之谜

苏格拉底是古希腊著名的思想家、哲学家，被后人视为西方哲学的奠基者。可是，这位大智者最后却死于牢狱之灾，其"亵渎神灵，蛊惑青年"的罪名，更是匪夷所思。

为信仰而死

在雅典恢复奴隶主民主制后，苏格拉底被控以藐视传统宗教、引进新神、蛊惑青年和反对民主等罪名，最终被判处死刑。这位大学者拒绝了朋友和学生要他乞求赦免和外出逃亡的建议，饮下毒酒而死。

→苏格拉底

▲ 苏格拉底在狱中接过当局赐予的致命毒酒，镇定自若地一饮而尽

疑惑之处

雅典是最能宽容言论自由，并实践"少数服从多数"民主政体的国家典范。可是这个国家却判处了苏格拉底死刑，到底孰是孰非，已经没人能说清楚了。

神秘的猝死——亚历山大大帝死因之谜

亚历山大大帝是一个伟大的军事家,他一生征战无数,建立起一个庞大帝国。然而,这位帝王却在 33 岁那年神秘猝死,给世人留下一个不解的谜团。

英雄的一生

亚历山大大帝被誉为"人类的守护者",公元前 356 年出生在马其顿首都佩拉市,公元前 323 年 6 月初亡。历史这样总结他的一生:不是为了赶超前人,而是为了让后人无法超越他。

亚历山大率领马其顿希腊联军征服了广阔的东方地区

知识小笔记

据资料记载,亚历山大大帝小时候曾拜著名哲学家亚里士多德为师,从而受到良好的希腊文化教育。

离奇死亡

公元前 323 年,正当年轻力壮的亚历山大大帝却神秘猝死。对于他的死因,众说纷纭。有的人认为他死于严重的疟疾,也有人认为亚历山大是被毒死的。

离奇的自杀——埃及艳后死因之谜

埃及艳后克丽奥帕特拉是历史上一位赫赫有名的传奇人物。罗马人对她痛恨不已，埃及人却称颂她是勇士……然而，时至今日，这个传奇的女子到底是用何种方式结束了自己离奇、浪漫的一生，却无人知道。

历史记载

克丽奥帕特拉生于公元前 69 年，是埃及国王托勒密十二世和克丽奥帕特拉五世的女儿，不但美貌出众，姿色超群，而且极端聪颖，擅长手腕。

知识小笔记

随着克丽奥帕特拉之死，长达 300 年的埃及托勒密王朝宣告结束，埃及并入罗马。

◂ 埃及女王克丽奥帕特拉

安详离去

公元前 30 年，安东尼兵败后无奈自刎，艳后被屋大维生擒。当她得知自己将作为战利品被带到罗马游街示众的消息后，心生绝望，便写下了遗书。梳洗沐浴、用膳之后，艳后便安详地平躺在一张金床上，从此再没有醒来。

死因之谜

埃及艳后——克丽奥帕特拉女王自杀了，这位绝代佳人的死，不仅给后人留下了许多脍炙人口的佳话，而且给古今中外史学家留下了一个至今不解的迷。她究竟是用什么方法自杀的呢？

↑ 在画家的笔下，美艳的埃及女王死在致命的毒蛇之下

死于毒蛇

传统观点认为，女王事先在卧室里放置了一只盛满无花果的篮子，里面藏有一条毒蛇。让毒蛇咬伤自己的手臂，导致女王中毒而死。或者是，女王早就把蛇喂养在花瓶里，用一枚金簪刺伤它的身体，引它发怒，直到它缠住她的手臂。

◀ 埃及女王克丽奥帕特拉想借助罗马人的兵力，夺回自己的王位。于是，她用美色诱惑恺撒，把自己裹在地毯里命士兵送到恺撒住处

服毒身亡

另一种意见认为，女王不是死于毒蛇，而是服毒自杀。因为在死者身上没有发现刺伤和咬伤的痕迹，在卧室中也未找到任何有毒的小蛇，所以他们认为女王是服毒而死。

旷世奇才——达·芬奇创造力之谜

> **列**奥纳多·达·芬奇是人类文明史上罕见的全才。后代的学者称他是"文艺复兴时代最完美的代表"。在人们惊叹天才的同时，不禁要问，他的非凡创造力到底来自何方？

旷世奇才

列奥纳多·达·芬奇是整个欧洲文艺复兴时期的旷世奇才。他不仅是天才的画家、雕塑家、建筑师、诗人、哲学家和音乐家，而且是位很有成就的解剖学家、数学家、物理学家、天文学家、地理学家、工程师等。

▲ 达·芬奇是意大利文艺复兴三杰之一，也是整个欧洲文艺复兴时期最完美的代表

奋斗不止的一生

专家们在用电脑分析达·芬奇的生平后发现，达·芬奇要完成自己的全部工作，即使连续工作毫不停息，至少要经历74年创造性的生活，但他却只活了67岁。

◀ 达·芬奇自画像

达·芬奇设计的飞行器草稿

"达·芬奇们"的集体创造

有人联想到达·芬奇是否也像爱迪生一样有一批聪明能干的助手和工作人员，许多发明其实是"达·芬奇们"的发明。可是，专家们始终没有发现达·芬奇身边有类似的工作人员，甚至没有谈及过什么实验室……这实在令人百思不得其解。

家庭之谜

达·芬奇隐秘的私生活更是受到了大家的猜疑，他既没有家庭，也没有亲近的好友，甚至还处处避开那些他认为"像多嘴动物一样"的女人……这些都使他的事业几乎处于"高度机密"的状态。

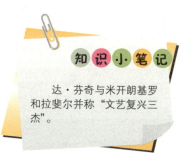

知识小笔记

达·芬奇与米开朗基罗和拉斐尔并称"文艺复兴三杰"。

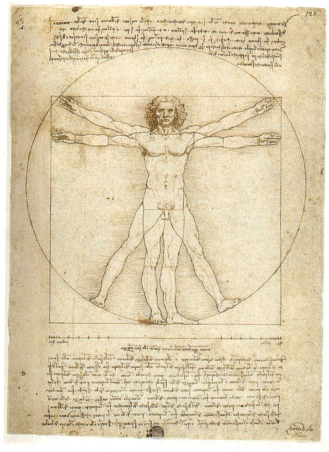

达·芬奇所画的人体"黄金分割"

"未来世界的公民"

有人认为，达·芬奇很可能是一名来自未来世界的人！在穿越时空的旅行中，他由于某种原因被困在了15世纪，无法返回自己的时代，于是利用他掌握的大量知识，发明出无数新鲜玩意，以满足他在那个年代的生活需要。

变幻莫测的笑容——《蒙娜丽莎》微笑之谜

意大利文艺复兴时期艺术家达·芬奇创作的《蒙娜丽莎》，可以说是全世界最有名的画作之一。自从它问世以来，就给世人留下了无数悬念。她是谁？她为何会流露出高深莫测的神秘微笑呢？

原型之谜

《蒙娜丽莎》的画中人是谁今天无法确切考证，艺术史学家曾讨论过多种可能性。许多人认为画中的女士是一位佛罗伦萨富有丝绸商的妻子。

神秘的微笑

不同的观看者在不同的时间去看这幅画像，感受都不同。人们有时觉得她笑得舒畅温柔，有时又显得严肃，有时像是略含哀伤，有时甚至显出讥嘲和揶揄。究竟什么是蒙娜丽莎"神秘微笑"的原因？她微笑的含义是什么呢？

知·识·小·笔·记

达·芬奇名画《蒙娜丽莎》是卢浮宫镇馆之宝。据统计，罗浮宫90%的参观者都不会错过这个"微笑"。

裸露的脊背

1993年，加拿大美术史学者吉鲁认为，蒙娜丽莎那倾倒无数观赏者的口唇是一个男子裸露的脊背。将画旋转90°后，从镜中看蒙娜丽莎抿着的笑唇，恰好是一个背部线条分明的结实男性脊背以及左臂和肘部的一角。对于这个说法，大家意见纷纷，莫衷一是。

几百年来，人们对画中人物微笑不露皓齿的解释层出不穷。诸如是因原型虽典雅美丽却口齿不齐；原型因爱女夭折，忧郁寡欢，难掩凄楚伤心之态。英国医生肯尼思·基友博士则相信蒙娜丽莎的微笑是怀孕后的满意之笑。

　　哈佛医学院的神经生物学家利文斯认为，与其说蒙娜丽莎的神秘微笑与画家的绘画技巧有关，倒不如说它与眼睛的错位有关。蒙娜丽莎的笑容时现时隐，完全是因为观察者的视线在其脸上游动产生的效果。

　　人们根据记载大致可以确定，画中人是佛罗伦萨一位富商的妻子丽莎夫人。她出生于1479年，达·芬奇为她像的时间是1503年，正是她最青春的年龄

宝藏迷踪

　　那些埋藏在山野、溪流、幽涧深处的宝藏和它们背后曲折离奇的传说，总是散发着神奇的魔力，吸引着全世界的"寻宝者"。直到今天，仍有许多人怀着寻宝掘金的梦想在美国西部、巴西丛林、非洲腹地漂泊寻觅着……

价值连城——班清宝藏之谜

班 清是泰国的一个小镇，一次偶然的机遇使它名扬天下。人们在此发现了一些价值连城的稀世珍宝，使班清成为了寻宝者们心目中的乐园。

宝藏的发现

1966 年，一个美国人在班清发现一些绘着奇怪图案的破损陶器，这引起了泰国婵荷公主的注意。她将陶器全部拍成照片对外公开，轰动了整个世界。专家认为，泰国的可考历史至多有 1 500 年，而这些陶器竟然是在公元前 4 000 年左右制造的，实在令人难以置信。

班清的陶器

知识小笔记

班清被视为东南亚发掘地区最重要的聚居地，是人类文化、社会、科技进步的中心。

可能存在的古文明

研究表明，早在公元前 3000 多年，班清人已经掌握了冶铁技术，并且用难以想象的几何图案制作工艺品。那么，这些高超的技术和文化到底师承何方？又或者是受了什么影响形成的呢？这种种谜团，都为班清宝藏蒙上了一层神秘的面纱。

存在之谜——所罗门宝藏之谜

据《圣经》记载，所罗门王是以色列联合王国的国王，他有一个黄金宝库，里面全是各种价值连城的珍宝。宝藏是否真实存在呢？许多人开始了漫漫的寻宝之路。

所罗门宝藏

所罗门王在公元前 10 世纪时建了一座犹太教圣殿，相传犹太教最珍贵的圣物就放在圣殿里。此后，犹太历代君王也把大量金银财宝聚积在此，这就是举世闻名的"所罗门宝藏"。

传说中的所罗门王

🐏 耶路撒冷是一座举世闻名的圣城，曾经的所罗门圣殿就位于这里

漫漫寻宝路

千百年来，人们一直在寻找着传说中的所罗门宝藏，可是它似乎像在人间蒸发了一样，遍寻不到它的痕迹。也许，它早已被毁灭；也许，它还沉睡在世界的某个角落，静静地等待着人们去发现。

葬于海底的秘密——加州金矿之谜

1848 年，美国加利福尼亚州的一个工人无意间发现大量的金矿，掀起美国历史上疯狂的淘金热。在这股哄闹的热潮下，还发生过一起令人哀恸的沉船惨剧。

厄运降临

1857 年，一艘载着 750 余人和大量黄金的"中美"号汽船从旧金山出发了。可由于严重超载，加上遭遇了狂风暴雨，汽车上的 400 多名淘金汉和大批的黄金都葬身海底。

↑ 淘金使用的基本工具，包括闸箱、塑料桶和铲子

知识小笔记

加利福尼亚州位于美国西部，是美国经济最发达、人口最多的州。

探寻黄金

一直以来，许多探险者都梦想能够找到那艘沉船，将黄金打捞上来。可是没人能在浩瀚的大海中找到船的准确位置。加州黄金宝藏的下落，成了人类历史上的一个未解之谜。

寻宝者的梦想——"黄金船队"之谜

1702 年,西班牙历史上著名的"黄金船队"在大西洋维哥湾被英国人击沉,从而留下探宝史上的一大遗案。当时满载着金银财宝的船队,就这样葬身于深深的海底。

"黄金船队"

这批由 17 艘帆船装载的财宝究竟有多少呢?据被俘的西班牙海军上将估计:约有 5 000 辆马车的黄金珠宝沉入了海底!尽管英国人多次冒险潜入海下,也仅捞上很少的战利品。于是,找到这批宝藏便成了无数寻宝者的梦想。

珍宝船队在维哥湾海战中被摧毁

寻宝者之梦

在大西洋附近的海域,不断涌现一批批冒险家的身影。他们有的捞起已破败的沉船,有的得到了宝石、珍珠、翡翠等珠宝,有的仍用现代化技术继续寻觅……

"黄金船队"在大西洋维哥湾被英国人击沉,数不清的金银财宝葬身海底

传说中的金山——亚马孙黄金城之谜

古代有一个以南美秘鲁为中心的印加帝国，十分强盛，京城内所有的宫殿都是用黄金铸成的。据传，这里的黄金就是从亚马孙密林深处的黄金城运来的。

并非虚构

有位叫凯瑟特的西班牙人曾率领 716 名探险队员，在付出 550 条性命的惨重代价后，在昆迪玛加高原发现了价值 300 万美元的翡翠宝石。然而，据说这仅是黄金城难以估价的财宝中极其微小的一部分。

知识小笔记

位于南美洲的亚马孙河是世界上流域最广、流量最大的河流。

黄金湖的传说

传说黄金城中的财宝都埋在城内的黄金湖里，而黄金湖就是哥伦比亚的瓜达维达湖。从 16 世纪以来，人们对黄金湖的打捞一直都没有停止过。可多次的打捞均以失败告终，黄金湖也越来越神秘。

风闻黄金城的消息，谁都想一攫千金，于是各路探险家、淘金者蜂拥而至，深入亚马孙密林，然而大多数人都是无果而返

美人鱼的眼泪——琥珀屋之谜

传说中,琥珀是美人鱼的眼泪,珍贵异常,每一颗都要经过千万年的变化才能形成。18世纪时普鲁士国王腓特烈一世派人倾心打造的"琥珀屋",是公认的"世界十大宝藏之一",但它的失踪却成为一个不解之谜。

奢华的艺术珍品

琥珀屋面积约55平方米,屋内板壁上全部用当时比黄金还贵12倍的天然琥珀装饰,10多个柱脚也完全用琥珀包裹着,下面铺上钻石、宝石和银箔等,显示出皇家的奢华气势。腓特烈一世兴奋地称琥珀屋为"世界第八大奇观"。

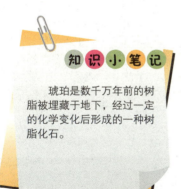

知识小笔记

琥珀是数千万年前的树脂被埋藏于地下,经过一定的化学变化后形成的一种树脂化石。

↑琥珀屋中豪华的装饰,以及精美的器具

琥珀屋的最后时光

1942年夏天,德国纳粹把琥珀屋转移到德国柯尼斯堡的琥珀博物馆。几天后,琥珀屋全部被拆卸,捆扎成包,用火车运走了。这是人们知道的"琥珀屋"最后的情况。

扑朔迷离的寻宝路

在"琥珀屋"失踪的几十年间,各国都在组织人员寻找,可是都一无所获。尽管如此,但人们相信,琥珀屋仍在某个地下室里静静地躺着,等待人们去发现。

神秘的藏宝图——死海古卷轴之谜

从 1947 年开始，便有人在死海附近的山洞中发现用希伯来语书写的神秘《圣经》古卷轴。其中，以 1952 年发现的铜卷轴尤为奇特，上面用希伯来语描述了 64 处宝藏的藏宝地点。

"死海古卷轴"的发现

1947 年 3 月，一个名叫穆罕默德·艾迪的阿拉伯牧羊人和朋友在死海西岸库姆兰附近的一个山洞中发现了一卷卷散发着浓重霉味的卷轴，这些东西后来被驻在耶路撒冷的大主教以高价买下。这就是被称为无价之宝的"死海古卷轴"。

"铜卷轴"

看见手抄卷价钱昂贵，当地的牧羊人纷纷到旷野中去寻找洞穴。1952 年，人们在离库姆兰 18 千米处的另一个山洞里，找到了闻名于世的"铜卷轴"。

知识小笔记

"死海古卷轴"被称为 20 世纪最伟大的考古发现，它是研究基督教发展史的重要文献资料。

神秘的宝藏

"铜卷轴"因用金属材质而被命名。三年半后它被打开了。人们惊奇地发现上面有一列诱人的实物清单,而且还描述了遍布于古巴勒斯坦地区的宝物埋藏地点。

▲ 发现死海卷轴的山洞

宝藏清单

铜卷轴上记载的宝物总量简直令人震惊:约有 26 吨黄金和 65 吨白银,市值超过 10 亿英镑的宝藏被隐藏。铜卷轴分 64 个段落,也就是含 64 处宝藏的藏宝地点,并详细陈述了关于这一大批宝藏的细节。

遍寻不得

近来,大多数人相信,虽然铜卷轴记载了宝物埋藏的地点,但似乎不太真实。由记录来看,宝物埋藏地似乎多半是在旱谷,由耶路撒冷延伸到死海,然而却没有一件宝物被发现。

天外来客

　　从古至今，在人类历史上不乏一些天外来客的身影，它们总是和神秘如影随形。那么，除了地球之外，到底有没有智慧生命的存在？传说中的 UFO 和 USO 究竟是什么？神秘的黑衣人是干什么的……我们希望在不久的将来，这些谜题能够被人们完美地解答。

来历不明——飞碟之谜

"飞碟"是一个很多科幻爱好者都耳熟能详的词汇，正式名称为"UFO"，全称 Unidentified Flying Object，即不明飞行物。自从这个词汇和它所伴随的事件在媒体出现以来就不断引起争议。

飞碟

1878 年 1 月，美国得克萨斯州的农民 J. 马丁看到空中有一个圆形物体。美国 150 家报纸登载了这则新闻，把这种物体称作"飞碟"。

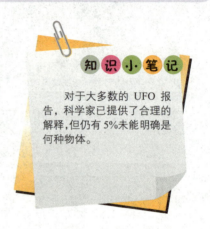

知识小笔记

对于大多数的 UFO 报告，科学家已提供了合理的解释，但仍有 5% 未能明确是何种物体。

飞碟热

1947 年 6 月，美国人 K. 阿诺德在华盛顿的雷尼尔山发现 9 个圆盘高速掠过空中，跳跃前进。这一事件又一次引起了世界性的飞碟热，以后有关发现飞碟的报告接踵而来，各国政府和民间机构也纷纷组织调查研究。

☆ 真假难辨

1947 年 7 月 8 日，新墨西哥州一家报纸宣称有一架外星来的飞船被军方俘获，但军方称得到的是一个气象热气球的残骸。一些人认为政府是为了掩盖事实，想秘密研究飞碟而编造了这个热气球的谎言。

☆ 存在之争

飞碟爱好者认为这些不明飞行物都是外星人的座驾，他们不仅准确地描述出飞碟的形状和飞行状态，甚至还拍摄了不少照片以示证明。持否定态度的科学家认为，不明飞行物并不存在，只不过是人的幻觉或者目击者对自然现象的一种曲解。

↑ 神出鬼没的飞碟拥有着地球人无法匹敌的卓越科技

☆ 无法破解的谜

无论科学家如何努力，仍然有大量真实的目击事件无法用已知的科学知识来解释清楚。于是，没有人可以否认飞碟的存在。在飞碟真的出现在全人类视线之前，它仍然是一个未解之谜。

天上的星河——银河系之谜

当古人在夏日仰望星空，对着银河吟诗作对时，他们可曾想到，其实我们也是银河系中的一员。那么银河系究竟是什么样子的，银河系的中心又是怎样的？

银河系结构

银河系的外形是一个中间厚、边缘薄的扁平盘状体。圆盘部分被称作银盘，由年龄不满 100 亿年且重金属含量较高的多个恒星组成。银河系的四周缠绕着 4 只旋臂，这些旋臂是气体和尘埃物质的混杂区域。

银河系结构

银河系的中心到底是什么？天文学家通过计算证实银河系中心存在大质量的天体，但是却一直看不到它。目前，天文学家仍在不停地探索，希望能逐步揭开银河系的秘密。

外星生命——火星之谜

人们之所以对火星格外关注，是因为人们一直认为火星上存在着智慧生命"火星人"。是否有火星人存在不仅是一个猜想，更成为火星探测器的主要任务之一。

人脸建筑

当人类的火星探测器来到火星表面的时候才发现，这里根本没有任何生命迹象。但在火星探测器"维京1号"拍摄的一张照片上，可以看到一张清晰的人脸，这应该是一个巨大的人工建筑。难道火星人真的存在？

小型固体铁核

岩石外壳

硅酸盐岩石地幔

▲ 火星的内部结构

外星生命

科学家利用计算机对火星上出现的"人面石"进行了细致的分析，认为这个人面石是修建在一个巨大的长方形平台上的。关于这块巨石，人们议论纷纷。有人甚至传言说这个人面石是对地球人的警告。火星上是否存在过生命，也成了一个未解之谜。

知识小笔记

火星大气能够发出红外线激光，让火星的表面呈现出红色。

田间的奇异符号——麦田怪圈之谜

一个个突然出现在麦田中的神秘怪圈，让英国的威尔特郡成了世界瞩目的地方。一时间猜测纷起，人们无不惊讶地问道：这一夜之间出现的神秘怪圈究竟从何而来？

突现怪圈

20世纪70年代末期，英国威尔特郡的麦田在一夜之间出现一些奇怪的现象：一些庄稼莫名其妙的成片倒下，倒伏下去的庄稼似乎都是有规则地排列，呈圆圈状。最初发现的神秘怪圈只是单个圆圈的形状，后来新发现的怪圈开始出现形状和样式的变化，甚至出现了由多个怪圈组成的有规律形状。

↑ 2009年拍摄到的麦田怪圈

环境适应

神秘的麦田怪圈出现之后立刻引起了人们无尽的猜想，有人认为这是大自然的杰作，有人认为这是外星人留下的信号，还有人认为这是人为的恶作剧。究竟谁是谁非，科学家们开始对这些怪圈进行细致的调查。

外星人的作品

20 世纪 90 年代初，英国退休工程师德尔戈里认为：这些怪圈精密的布局和设计一定是外星文明的杰作。此外，在世界的其他地区也出现过很多类似的神秘怪圈。很多人都坚信怪圈和外星人有着不可分割的关系。

人为的恶作剧

伦敦一家小报曾报道过，麦田怪圈不过是人为的恶作剧。两名英国风景画家曾当着众人的面用绳子和木板制造出怪圈。原来，这两名画家在此之前的 13 年中，经常夜间潜行于英国南部各地，每逢生长季节便炮制出 25~40 个怪圈。同时，他们的行为也大大刺激了其他模仿者的兴趣。

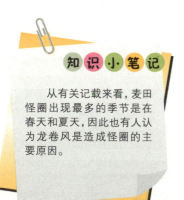

知 识 小 笔 记

从有关记载来看，麦田怪圈出现最多的季节是在春天和夏天，因此也有人认为龙卷风是造成怪圈的主要原因。

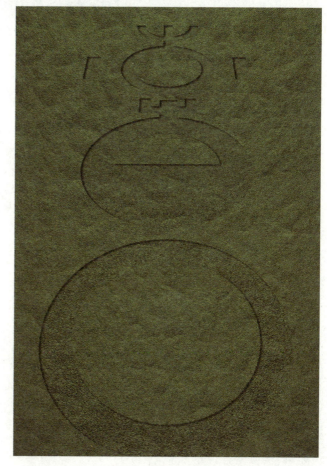

百科·探索·发现
（少年版）

解不开的谜团